能力以上の成果を引き出す
本物の仕分け術

鈴木進介

青春新書
INTELLIGENCE

はじめに　「本物の仕分け術」がすべてを解決する

決断力がなくて、いつまでもグズグズ悩んでしまう。

あれこれ考えて、一歩が踏み出せない。

スランプに陥ってしまって、やる気が出ない。

忙しいばかりで、結果が出ない……。


私のセミナーに参加する人、コンサルティングを受ける人の多くが、このような悩みを持っています。しかし、私と話した後は、みなさんスッキリした顔になります。すぐに行動に移し、結果を出せるようになります。

それは、私が「思考の整理家」だからです。


世の中は複雑です。私たちの目の前にある課題もさまざまな事柄に及びます。ビジネス、お金、人間関係、目標達成、トラブル、健康……。

たとえば家庭を持つ働き盛りのビジネスマンの場合、自分の仕事のこと、上司との関係、部下の指導、マイホームのローンのこと、子供の教育のこと、実家の両親の健康のこと……。考えることが多岐に及んでいるうえ、熟慮を求められる事柄も多く、頭の中がごちゃごちゃして当然かもしれません。

キャリアのためにある資格取得の勉強をしているとき、隣の席の同僚がＴＯＥＩＣを受検していたら、「やっぱり英語のほうがいいかも」と気持ちがぶれてしまったり。どちらも手を出したあげく、どちらも中途半端に終わった経験を持つ人もいるでしょう。

複雑な問題がたくさんあれば、どれから解決すればよいのかわからなくなるのも仕方がありません。力を集中すべきポイントがわからない。優先順位をつけられずに、行動力が落ちてしまう。頭の中がごちゃごちゃだと、当然の結果と言えます。

かく言う私も、かつてはこのように頭の中がごちゃごちゃしていました。

今では、新規事業やマーケティングのコンサルタントとして、また「思考の整理家」としてさまざまなビジネスリーダーにコーチングをしていますが、25歳で起業した後はろくに仕事が取れなかった経験があります。

実に3年以上、まともな収入がなく、気持ちは焦るばかり。自分なりに勉強をしたり、クライアントにアプローチしても、空回りばかりでした。

潮目が変わったのは、思考の整理方法をマスターしてからでした。その方法とは、頭の中にある問題を「仕分け」しながら整理していく手法のことです。

自分の経験を振り返ってみると、契約が取れないとき、収入がなかったとき、仕事がうまくいかないとき、空回りしているときは、頭が混乱していて正しい判断ができていませんでした。頭が働かず、感情を優先してしまっていたようです。

「できるかな。不安だな」「めんどくさいな」などと考え、自分がやりやすい仕事、それも優先順位の低い仕事しかしなかったり。

テスト前日に部屋の模様替えをやるようなもので、自分の「逃げたい」感情に振り回されていました。

そこであるとき、私はメモに書き出すようにしたのです。

●今、自分が「できること」と「できないこと」は何だろうか

●求められる完成度が「100%のもの」と「60%でいいもの」は何だろうか
●「自分で行うべきこと」と「他人に任せてもいいもの」は何だろうか

仕分けながらメモに殴り書きしていくと、感情に振り回されずに正しい決断ができるようになりました。自分の決断に自信を持てるようになると、周りからも信頼してもらえるようになりました。

仕分けとは、たとえるなら、スイカやピザを食べやすいよう切ってから食べるのと同じことです。スイカを丸ごと食べる人はいないでしょう。どんなに大きな食べ物でも、一口サイズにカットすれば気軽に食べられます。

どれだけむずかしい問題や達成不可能な目標も、サイズを小さくすれば、無理なく決断と行動が可能になる。これが「仕分ける」ことの大きな効用です。

その後、不思議と、
「鈴木さんと話していると頭の中が整理されていくよ」
「鈴木さんは決断も行動も早いけれど、どうやっているんですか?」

などと言われるようになりました。これが私の「思考の整理家」としての第一歩だったかもしれません。

一流の人たちはシンプルです。常に結果への近道を見ています。成果を出すために最もインパクトがあるものを常に問いかけ、実行します。

一方で、一流になりきれない人は頭がごちゃごちゃして、目的と手段をはき違えがちです。「成果を出すもの以外は、すべて思考の中のゴミ」と判断して捨てればよいのですが、ごちゃごちゃしていて、仕分けができていません。

逆に言えば、「仕分けができること」が仕事ができる人かどうかを決めるわけです。「仕分け術」を身につけるだけで、仕事もキャリアも人間関係もすべて解決できると言っても過言ではありません。

本書は、誰でもできる「仕分けて考える」思考法を紹介し、本物の仕分け術を身につけることを目的にしています。私が担当した多くのクライアント、セミナー参加者のみなさんのように、頭の中をすっきりさせ、自分が持つ力を最大限発揮できるきっかけになれば幸いです。

鈴木　進介

能力以上の成果を引き出す　本物の仕分け術　目次

第1章

超一流とは、「1%」まで仕分けられる人間である　13

第2章

仕事×仕分け

ムダのない段取りが、「圧倒的な成果」を生む 45

第3章

第4章

第5章

人間関係×仕分け

コミュニケーションは「キモ」がわかると全部うまくいく 139

第6章

お金×仕分け

浪費を「投資」に変える選択と集中の勘所 163

編集協力／本文デザイン…アスラン編集スタジオ

第1章

超一流とは、「1%」まで仕分けられる人間である

仕分けの「本質」を、9割の人はまだ知らない

質問です。

「仕分け」と聞いて、あなたはどんなことを思い浮かべますか？

一番ピンとくるのは、数年前に行われた「事業仕分け」ではないでしょうか。国家予算の節約のために、「いる事業」と「いらない事業」に仕分けたアレです。

もしくは、「分類する」作業を思い浮かべる人もいるかもしれません。郵便局員が届いた手紙を東京宛なら東京宛に、大阪宛なら大阪宛に……と、送り先の住所ごとに分類するように、何かを種類別に振り分ける作業を思い浮かべた人も多いのではないでしょうか。

確かに、事業仕分けや宛先ごとの分類も、「仕分け」というものの1つの側面ではあります。

しかし、こうした単に種類や用途ごとに分類することが、仕分けのすべてだと考えるのは、大きなカン違いと言わざるをえません。仕分けの本当の力は、そんな限定的なもので

はないのです。

では、仕分けの本質とは、一体どんなものか。

それは、「問題を一瞬にして最小化すること」です。

……と、これだけ聞いても、多くの人の頭には「？」が浮かんでいることでしょう。そこで、この考え方を理解してもらうために、まずはある１人の男性の話からはじめましょう。

凡人が一流に打ち勝った「ある戦略」

私の学生時代の友人にＳ君という会社員がいます。

結果だけ先にお伝えすると、彼は「ニート」からある不動産会社の「史上最年少支社長」に出世しました。

学生時代のＳ君は典型的な遊び人でした。偏差値は30台で、やることといえばパチンコばかり。卒業後はそのまま定職に就かず、ニートのような生活をしていました。

しかし、あるとき見かけた採用広告で、不動産会社に入社します。

どんな業界でも、新人が成果を上げるのはむずかしいもの。不動産業界の経験もなければ、ろくな仕事の経験もないS君ですから、ご多分に漏れず、半年間もの間仕事が取れなかったそうです。

周りは業界で長年経験を積んできた一流ばかり。そう簡単に同じ結果を出そうというのも無理な話です。

普通、こういう状況に置かれると、できる先輩たちのマネをしたり、自分に足りない能力をまずは平均レベルに引き上げるための努力をしたりすることから始めるでしょう。そして、あらゆる業務が過不足無くできるようになった段階で「一人前」と認められ、ようやく先輩たちと同じ舞台で競争することができるようになると考えるのです。

彼も、最初こそさまざまなやり方を試したり、いろいろな先輩のスゴイところをマネしたりしていました。

しかし、それでは結果は出ませんでした。

そこで、「仕分け」をしたのです。

「お客様がすごく喜ぶこと、あまり重視しないことは何か」

「今の自分でもすぐに先輩に勝てる能力、じっくり力をつけないと勝てない能力は何か」

「お客様が喜ぶことなのに、他の先輩が力を入れていないものは何か」

彼は今の私が実践するような仕分け術を知っていたわけではありません。しかし、おそらく無意識的に、今やるべきことは何なのか、絞り込んでいったのです。

そして、考え続けたS君がたどり着いた答えは、「スピード」でした。

自分が勝負するスキルをスピードその一点に置いて、その他のスキルの習得を大胆にもいったん捨てたわけです。

彼は、自分のコンセプトを「宅配ピザ屋」と設定しました。すべてのことに1時間以内で対応することを決めたのです。見積もり依頼があれば、1時間以内に提出する。問合せがあれば、1時間以内に直接、会いに行く。

当時の勤務先は、メールで問い合わせれば返事は3日後、見積もりを頼むと結果は2週間後……というスロー業務が当たり前の会社。

メールで問い合わせると、その日のうちにすっ飛んでくるS君は、そのうち見込み客の間で話題になり始めます。他のみんなが3日後にメールする中で、即刻レスポンスが、しかも直接会いに来る人間が人気にならないわけがありません。

「不動産の件は、ぜひS君にお願いしたい」という人が増えてきて、みるみるうちにトップ営業マンに。それからは快進撃を続け、支社長まで上り詰めたのです。

不動産営業といっても、求められるスキルは多くあります。それらを一度に習得するのはむずかしい。いったんさまざまなスキルの習得は捨てて、スピードだけを追求しよう。「仕分け」こそが、成功のカギだったのです。

「問題を最小化せよ」

実は、「仕分け」の真の力は、S君の思考に表れています。

彼が置かれた状況は、過酷なものでした。社会人経験のない新人が、百戦錬磨の先輩たちに打ち勝つなんて、一見無謀なチャレンジです。

お客様にとって最適な商品を提案できるように、あらゆる商品に精通することが大事なのか。

それとも、お客様の気を引くような魅力的な広告を作ることが大事なのか。

はたまた、お客様とのコミュニケーションがすべてなのか……。

彼と同じような状況に置かれれば、多くの人は、その課題の多さを前にして、何から手をつけていいかわからず、動き出せなくなるでしょう。

そこで、大抵は、他の先輩がたどってきたのと同じく、一人前の力がつくまで先輩をマネしながら、ひたすらオールラウンドに経験を積むことに精を出す道を選ぶのです。

しかし、その結果は先輩たちと「同レベル」。決して「打ち勝つ」ことはできません。ましてや、S君のような「史上最年少支社長」なんて遠い星の出来事にしか思えないことでしょう。


しかし、「仕分ける」ことさえ知っていれば、話は違います。

「お客様がすごく喜ぶこと、あまり重視しないことは何か」

「今の自分でもすぐに先輩に勝てる能力、じっくり力をつけないと勝てない能力は何か」

「お客様が喜ぶことなのに、他の先輩が力を入れていないものは何か」


こうした思考の軸を設けて、仕分けていくことさえできれば、問題はどんどん小さくなります。そして最小化し、「今、何を最優先すべきか」が見えてきます。

そうなればしめたもの。後は、その方向に100％の力を注ぐことで、他の誰にも負けない自分だけの「武器」を、最短距離で手に入れることができます。

そして、突出した武器が1つでもあれば、S君のようにケタ違いの成果を上げることができるのです。

なぜ、仕分けはすべての行動に先立つのか

ここで、今一度、先の仕分けの定義に戻りましょう。

仕分けとは、「問題を一瞬にして最小化すること」。

「問題」とは、巨大で、漠然としていて、とらえどころのないものです。思考の軸を設け、仕分けることで、その巨大な問題は、具体的で、対処可能なサイズにまで小さくできるのです。

漠然とした問題を前にすると、人は動き出すことができません。

仕事で結果を出せるようになりたい、将来のお金の不安を取り除きたい……なんとなくモヤモヤした悩み、漠然とした問題、高すぎる目標などは、大きすぎて取り扱いがむずかしいからです。不安、面倒くさいという心理は、被害妄想にもなってますます大きく膨れ上がっていきます。

しかし、世の中の課題や悩みの多くは、こうした「漠然としたもの」がほとんど。学校のテストのように、答えが明確な問題なんて1つもありません。

だからこそ、「仕分け」なくてはいけないのです。

スイカは切ったほうが食べやすいように、自分の口に入るサイズに切ってから、つまり仕分けてから取り組む必要があります。

仕分けることで、こうした巨大な「漠然とした不安」は、取り組み可能な「具体的な課題」

まで〝小さくする〟ことができます。仕分けて小さくすることなしに、「今、何をすべきか」は見えません。つまり、「仕分け」とは、あらゆる問題を解決するための避けては通れないステップなのです。

旭山動物園が、あえて動物を少なくしている理由

実は、こうした仕分けを重視するのは、S君のような人に限りません。あらゆる分野の先駆者や超一流たちは、その仕分け力の高さ故に、圧倒的な成果を獲得したと言っても過言ではないのです。

一例を挙げましょう。

北海道の旭山市にある「旭山動物園」をご存知ですか？

一時は廃園寸前にまで陥ったものの、独創的な経営スタイルで東京の上野動物園を超えて来園者数・日本一に輝いたこともあるほど大人気の動物園です。そのストーリーや経営手法のおもしろさから、ドラマや映画にもなりました。２０１４年度には約１６５万人の

入場者数を記録するなど、今でもその人気に陰りはありません。

さて、この旭山動物園。ヒットの理由は「行動展示」と呼ばれる独自の展示方法であることはよく知られていますが、実は展示している動物の数が少ないのはあまり知られていません。

事実、入場者数約117万人の神戸市立王子動物園は約850頭、入場者数112万人の東武動物公園が約1200頭なのに対し、165万人も集客する旭山動物園はわずか約750頭。旭山動物園は、動物の数が少ないのに、入場者数が多いという結果を出しているのです。

普通に考えると、たくさんの動物を見ることのできる動物園は、それだけで魅力があります。そう考えると、旭山動物園も動物を増やせば、さらに多くの人を呼び込めるのに……なんて思ってしまいます。

しかし、そこが間違いなのです。

実は、旭山動物園は、動物の数をあえて「絞り込んでいる」のです。なぜなら、自分たちの動物園を「動物をたくさん見せるところ」ではなく、「動物がどんな生活をしているかを見てもらうところ」だと考えているから。

この確固たる信念にもとづき、「やるべきこと」「やらなくていいこと」を適切に仕分けているからこそ、ムダに動物を増やすことはありません。

結果的に、コストは抑えられ、より魅力的な行動展示を実現するために、本当に必要な投資に資本を集中させることができるのです。

彼らの成功の秘密は、行動展示以前に、その「仕分け」にあったというわけです。

ジョブズもドラッカーも、仕分けを最重要視していた

「シンプルであることは、複雑であることよりもむずかしいときがある。物事をシンプルにするためには、懸命に努力して思考を整理しなければならないからだ。だが、それだけの価値はある。なぜなら、ひとたびそこに到達できれば、山をも動かせるからだ」

これは、アップル社を創業した故スティーブ・ジョブズ氏の言葉です。

みなさんも、頭の中をシンプルにするメリットについてはうすうす気がついていると思います。世の中は複雑なうえ、情報過多の時代です。先が見えない時代という面もあります。シンプルにしないと、何が正しいか見えず、決断も行動もできません。

実際、セミナーやコンサルの現場で「あなたの頭の中はごちゃごちゃしていませんか？」と問いかけて、NOと言う人はいないほどです。

ジョブズ氏が開発したiPhoneが広く支持されているのはなぜでしょうか。

断捨離、ミニマリズムや禅ブーム、瞑想をする人も増えています。

いずれも、「シンプルになりたい」という人々の願いが背景にあるはずです。

なぜ、仕分けるのかと言えば、シンプルになるためです。「必要なもの・不必要なもの」「効果が大きいもの・効果が小さいもの」など、一流の人たちは複雑なものを正しく仕分けて、取り組みやすい大きさで考えられるため、判断を間違えません。

私が仕分け術を身につける前の話です。まだコンサルタントとしてちゃんとした収入を得られなかったため、お客様を増やすために広告を出したことがありました。目的は「お客様を増やす」で、手段が「広告を出す」です。

この時点ではまだ混乱していなかったのですが、出した広告に反響がなかったことから、私は目的と手段をはき違え始めます。

「どんな広告がいいか」「どうすれば露出が増えるか」ばかりを追求するようになり、そのうちこれが目的化していきます。「お客様を増やす」という目的を忘れ、「いい広告を作る」「目立つ」ことを目的とはき違えてしまったのです。

これでは、いくら「いい広告」が出来たところで、当初の「お客様を増やす」という目的にはほとんど結びつきません。


一流の人たちは、「結果を出すために、今、何が一番必要なのか」を考え続けているため、雑念がありません。常に自分をシンプルな状態、本質を見極めやすい状況にしています。

なぜなら、シンプルな状態とは、すべての問題が本質的な1％にまで最小化された状態だからです。

そして、この状態は仕分け術を身につければ誰にでも手に入るものなのです。

先ほど、旭山動物園は動物の数が少ないとお話ししましたが、アップルも、会社の規模を考えると商品点数がものすごく少ないことで知られています。同じ音楽プレイヤーを比べても、他メーカーは何種類も商品を並べるのに対して、アップルの場合はiPod touch、iPod nano、iPod shuffleと3種類しかありません。

また、金融機関の母体を持たず、しかも後発ながら大成功したセブン銀行は、ATM特化型の金融機関です。従来、銀行では当たり前だった店舗を捨て、ATMに特化しています。

新規事業を立ち上げる際には社長直轄プロジェクトを立ち上げるケースが多くありますが、これも組織をミニマムにしたいからです。特に大企業の場合、何か新しいことを始めようとすると、あちこちの部署への調整が必要です。ミニマムに始めたほうがスピーディに動けるというメリットがあるため、社運を賭けたプロジェクトは、社長直轄プロジェクトというシンプルな組織で始めるのです。

ドラッカーは、その著書『経営者の条件』で、「最も重要なことに集中せよ」と主張しています。そして、そのために優先順位をつけることよりも劣後順位をつけることの重要性を説いています。

取り組む仕事より、取り組まない仕事を決める。つまり、要・不要に「仕分けする」ことで重要項目への集中が可能になると言っているのです。

仕事で「本当に大切なこと」は1つしかない

シンプルライフ、断捨離、ミニマリストなどという言葉が盛んに飛び交っています。モノを多く持つことより、ほんとうに必要な最低限の数のモノだけを選ぶことで、洗練された暮らしをする人たちのことです。

実は、頭の中もモノと同じで、究極は「大切なものが1つだけ」の状態が理想です。なぜなら、「大切なものが1つだけ」の状態では、他に選択肢がないので決断にブレがありません。また、迷いもないので、すぐに行動に移すことができるからです。

究極的に問題が最小化された状態と言えるでしょう。

成功の〝鍵〟はいくつもあるようで、実は1つしかありません。

例えば、スターバックスの成功の鍵はコーヒーの味ではありません。居心地の良い空間です。そのために全席禁煙、快適なソファ、落ち着いたＢＧＭがあります。コーヒーの味も居心地の良い空間を実現する要素の１つです。「居心地の良い空間」１つを極めることで、人気店となっています。

「アイスクリームは子供がターゲット」という思い込みを捨てたのは、ハーゲンダッツです。子供客を捨てることで、大人のためのプレミアムアイス市場を形成しました。

ボウリングはセンターピンをどう倒すかで、ストライクになるかどうかが決まります。成功の鍵とは、センターピンと言い換えても問題ありません。仕分けで問題を最小化し、常にセンターピンから物事を考える思考習慣をつけましょう。

シンプルを極めると、決断力と行動力が呼び覚まされる

では、どうすれば「大切なものが１つだけ」の状態に辿り着けるのか。

そのためには、頭の中のゴチャゴチャを仕分けして、問題を小さくすることが欠かせません。

一般的に、部屋を片づける際には、次のようなステップを踏むのではないでしょうか。

❶**整理**…必要なもの、不必要なもの（ゴミ）を分ける

❷**廃棄**…不必要なものを捨てる

整理するだけでなく、捨てることまで終えて、やっと片づいた部屋、つまりシンプルな状態になります。

実は、頭の中の片づけもほぼ同じ手順をたどります。

❶**仕分け**…大切な選択肢と、大切ではない選択肢に頭の中を仕分ける

❷**決断**…今、必要のない選択肢や考えを捨てる（または〝いったん〟捨てる）

散らかった部屋で探し物をするより、整理整頓された部屋のほうが目的の物をスピーディに手に取ることができます。そもそも、整理整頓されていれば、探し物をする機会も

あまりないはずです。

頭の中も同じで、考えが整理されていれば、決断がスムーズにできます。そして、決断ができると、行動につながります。


パソコンやスマートフォンなどの無料コミュニケーションツールとして、すでに欠かせなくなったと言えるＬＩＮＥの元社長、森川亮氏も「仕分け」を重要視している一人です。現在ではＬＩＮＥは無料チャットだけでなく、無料通話や音楽、ゲームなどのサービスも提供し、ユーザーの獲得を続けています。

なぜ、これほどまでにＬＩＮＥが支持されているのでしょうか。それは、森川元社長がＬＩＮＥの経営にとって最も大切なことを「使いやすい商品の開発」だけに絞っていたからです。

ＬＩＮＥは「戦わない」「ビジョンはいらない」「計画はいらない」など、いわゆる経営の通説を覆す個性的な考え方を持っていますが、これは「使いやすい商品の開発」を最優先にした結果なのです。

「あれも大事」「これも大事」と経営資源を分散させるのではなく、ユーザーのニーズに応える商品を開発することに全力を注ぐ。この、問題を極限にまで小さくする経営姿勢で、次々と革新的なサービスを生み出しています。

どんなに優秀な人でも、選択肢が100個もあれば最適解を選び取ることはできません。

「決断」とは、「決めて、断つ」こと。

つまり、他の選択肢を切り捨て、問題を小さくすることです。

決断したときから、自分の運命が変わります。捨てるものを捨てないと、前に進むことはできません。何から手をつけていいのかわからない状態では、動き出すことはできないのです。

だからこそ、すべての行動には「仕分けて、捨てる」というステップが欠かせません。

多くの人は、なかなか決められない、動き出せないと悩んでいるのではないでしょうか。

そんな人は、メンタルに頼るのではなく、仕分けして、頭の中の問題を小さくしておくことから始めましょう。

決断できる人ほど常に「2択」で考える

ソフトバンクの孫正義さんは、ツイッターのユーザーから「○○してほしい」というサービスへの要望が書き込まれると、よい提案だったらすぐに「やりましょう」と即実行します。ものすごい決断力です。

さらにすごいのは、「いま検討中です」「もうすぐできます」など、単に「やりましょう」と言うだけ言ってやりっ放しにするのではなく、実際の進行状況をサイト上で見える形にしていることです。顔が見えない人の意見であろうとも、ミッションやビジョンに沿うものはすぐに取り入れてしまうのです。

孫さんほどでなくても、決断力をつける方法はあります。自分には決断力がないと思っている人は、勇気に頼らず正しく決断できる「方法」を知らないだけかもしれません。

その方法とは、単純に「2択」にして考えること。

例えば、先輩にランチ誘われたとき、

「何か食べたいものある？」

と聞かれるより、

「和食の店とカレーの店、どちらがいい？」

と聞かれるほうが、答えやすいのではないでしょうか。「選択肢が多い」とは、問題が大きいということです。人は選択肢が多いと迷いが生じますが、2択まで絞りこまれている、つまり問題が小さくなっていると迷いなく決断ができます。

手放す苦しみは、考え方1つで消えてしまう

先ほどお話ししましたが、「決断する＝一方を選ぶ」ということは、「一方を捨てる」ことです。「捨てるのはむずかしい」「迷ってしまってできない」と感じている人も、2択になれば自然と「捨てる」ことができるのがポイントです。

つまり、2択に「仕分け」することで1つにするのが格段に簡単になります。

選択肢が複数ある場合も、2択の状況を作ります。

■2択で決断力をつける

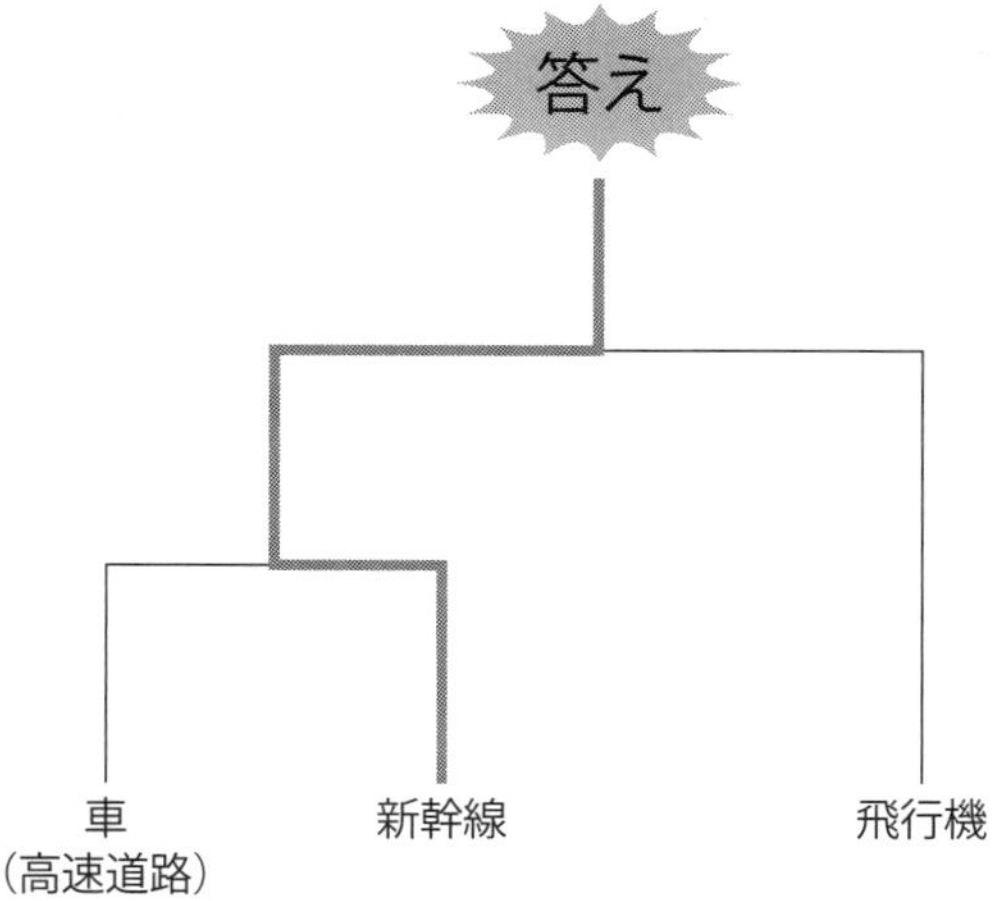

たとえば、東京から大阪に移動するには、主に、

①車（高速道路）
②新幹線
③飛行機

の3つの選択肢があります。

この場合、まず①車と②新幹線の2択でどちらかを選びます。仮に②の新幹線を選んだら、次に②新幹線と③飛行機の2択で選ぶわけです。

先ほどの「和食とカレー」で和食を選んだ場合は、さらに和食を出す店の中で「A店かB店か」を決めていきます。

このように、すべてを一気に比べるのではなく、1つずつ戦わせて選ぶ方法を、著述家の石黒謙吾氏は著書『2択思考』の中で「トーナメント式」と呼んでいます。

トーナメント式はむずかしい決断をするときほど有効です。

仕事や暮らしの中で、はじめから選択肢が2つに絞られていることなどそうそうありえません。通常は3〜5つくらいの選択肢があり、その中から最も成功のカギになり得るものを選び取る必要があります。

3〜5つの選択肢を一気に検討しようとすると、問題は大きくて複雑なものになります。だからこそ、1対1という、問題を小さなサイズで考えられるトーナメント方式が非常に有効になるのです。

「複雑さ」こそ、モヤモヤ・イライラの源泉

ここまで、「仕分け」という方法論の実務的なメリットに注目してきました。ですが、仕分けには、他にも特筆すべき効能があるのです。

それは、「ストレス解消」というメンタル的な側面です。

え、仕分けなのに、ストレス解消？　一体、何のつながりがあるの？　なんて不思議に思う声も聞こえてきそうですね。しかし、仕分けることでストレスを取り除けるのは、考えてみれば当然の話なのです。

そもそも、人がストレスを感じる状況というのは、「変えられないものを、変えようとしている」場合が非常に多いです。

すでに起きてしまったミスや失敗をいつまでも後悔する。パートナーの嫌いなところを指摘して、直してもらおうと注意したことがキッカケでケンカになる。すぐに泣いてしまう子供を、どうにか泣かさないように努力する……。

すでに起きてしまった過去は変えられませんし、大の大人の性格を変えることなんて1人の人間には不可能です。また、子供は泣くものなのに、それを変えようとするのは、どう考えたって無理に決まっています。

なのに、どうにか変えようとする。

そして、変わるわけがないので、思うようにならずイライラ・クヨクヨしてしまう。

そこで、大事なのが、物事を「変えられること」と「変えられないこと」に仕分けることなのです。

元ヤンキースの松井秀喜選手は、著書『不動心』の中で、困難に直面したときには「今、自分が変えられることは何か？」を自問自答すると言っています。

スポーツ選手には調子の波があり、スランプに陥ることもしばしばあります。そのうえ、バッターは相手投手の力によっても成績が変わります。それは、超一流の選手である松井選手でも同じです。

だから、納得できる成績を残せないときほど、「変えられないこと」を仕分けし、「変えられること」だけに問題を最小化しているのです。

この話を、私たちの仕事に落とし込んで考えてみましょう。

たとえば、自分が自営業で焼き肉店を営んでいるとして、このほど近くに大手焼き肉チェーン店が出店することがわかったとします。相手は大手ですから、価格面では太刀打ちできないでしょう。かけられる広告費も大手にはかないません。

こういった場合、たいていの人は「もう無理だ」と落ち込んだり、真っ暗な将来を想像してパニックに陥ったりします。

そういうときは、落ち着いて「変えられること」と「変えられないこと」を書き出しましょう。動揺し、ストレスを感じてしまう原因は、「変えられないこと」にがんじがらめになっていて、「変えられること」もあることに気がついていないからです。


予算は限られているので、価格も広告費も「変えられないこと」です。

一方で、「変えられること」は何があるでしょうか。

お得意様へのハガキDM、ポイントカード、メニューの追加、キャンペーンの実施などが考えられるかもしれません。思いつく限り書き出したら、その中から予算をあまりかけずに実行できるものを選び、行動に移します。

物事はコインのように表裏があります。一見、ネガティブに思える状況でも、ポジティブな面は意外とあるものです。

動揺しているとき、悲観的なときに「落ち着いて」「プラス思考になれ」と言われても、なかなかむずかしいのが現実です。しかし、両側面を仕分けして書き出しているうちに視点が切り替えられ、冷静さを取り戻せます。

「変えられないこと」を知ることは、成長するための大きなキッカケ

実は、「変えられないこと」をきちんと仕分けることは、ストレスを溜め込まない以外にも効果があります。それは、努力の方向を見定められることです。

テニスの錦織圭選手の代名詞である「エアK」は、ジャンプして打つフォアハンドのショットです。高い打点から繰り出される力強いエアKは、勝負所で出るうえ、見た目にも華やかなので、観客がうわっと歓声を上げる瞬間です。

実はこのエアK、錦織選手の「外国人選手に比べると背が低い」というマイナスポイントをカバーするために生まれました。

「日本人は外国人に対すると背が低い」という事実は変えられません。錦織選手は、この

変えられない事実を嘆くより、問題を「打点を高くする」という変えられることだけに最小化し、その一点に力を注いだのではないでしょうか。その結果、ジャンプして打つという逆転の発想を形にし、外国人選手と同じような高い位置からのショットを手に入れました。ピンチをチャンスに変える考え方は、仕分けから生まれるのです。

すべてを変える「仕分け術」は、誰にでも手に入れられる

さて、ここまでお話してきた中で、「仕分け」がいかに重要であるか、わかっていただけたかと思います。

仕分け術さえ身につけられれば、

- ケタ違いの成果を挙げられる
- 迷いなく決断できる
- 努力の方向を間違わない
- グズグズせず、すぐに動き出せる

●頭の中をスッキリさせられる
●ストレスを取り除ける

といった効果を得られます。

仕分けは、すべてを解決します。

では、そんな仕分け術を身につけるには、どうすればいいか。以下の章では、仕事や人間関係、お金、キャリアなど、具体的なテーマ別に仕分けの方法を紹介していきます。

どこから読んでいただいてもかまいません。「変えたい」と思うテーマから読み進め、そしてあなたの未来を変えてください。

第1章の要点

- 仕分けをすると、問題を一瞬にして最小化することができる
- 「大切なもの１つだけ」を意識する
- 頭の整理は「仕分け→決断」という手順を経る

さまざまな場面で役立つ仕分け

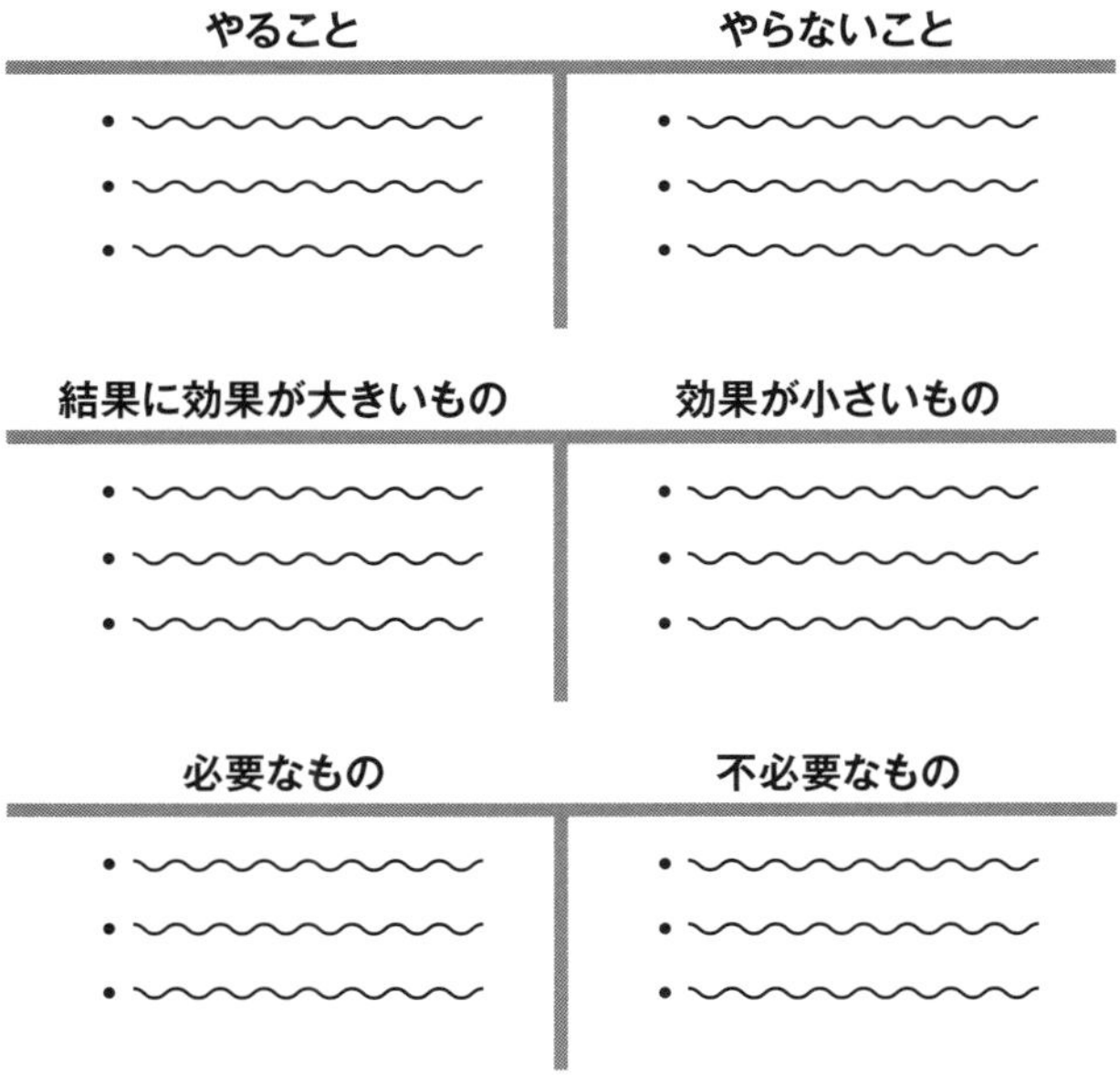

第2章

仕事×仕分け

ムダのない段取りが、「圧倒的な成果」を生む

効率性と生産性の〝要〟は、仕分けにある

第1章を読んで、仕分けがどういうものか、仕分けをするとどんなメリットがあるかをご理解いただけたかと思います。

ご紹介したとおり、仕分けを使うシーンや、効果はさまざまあるので、「どこで仕分けを使うのか」「どう使うのか」という視点が大切になってきます。

本章では、さっそく「仕分け」を活用して、「仕事の段取り」というポイントに絞って紹介していくことにします。「仕事は段取り8分」と言われることがあるように、段取りがうまくいくと、仕事もスムーズに進みます。

行動力がつき、仕事が速くなるというメリットは、仕分けの効果の中でも大きなものと言えるでしょう。つまり、

「毎年、立てた目標を達成できない」

「資格を取ろうと思うけれど、なかなか勉強に手をつけられない」

「やりたいことはあるけれど、腰が重い」

というような悩みも、仕分けで解決することができるわけです。

意外に思われるかもしれませんが、仕事の「段取り」は、業務の「仕分け」そのものです。そのため、仕分け術を身につければ、段取り上手になることができます。うまく段取りができれば、仕事をスピーディに、また効率よく進められるようになりますので、仕事がスムーズに回り出すようになるはずです。

なかには、目標を達成できないことで、「ダメな人間だ」「怠け者だ」「能力がない」と自分を責めてしまっている人がいますが、それは間違いです。

行動力の乏しさは怠慢のせいではありません。

まして、能力や才能の問題でもありません。

「目標が大きすぎる」ことが原因で生まれてしまう結果です。

目標が大きすぎると、どこから手をつけてよいか検討がつきません。結局、「なんとなくむずかしそうだから、他の仕事からやろう！」と、やるべきことを後回しにしてしまいます。

そして、後になって「目標が達成できなかった。自分には行動力がない」と嘆いてしまいます。


そこで必要なのが「仕分け」なのです。

一足飛びに目標に達しようとするのは、誰にとってもむずかしいこと。楽に一歩を踏み出せる、自分の歩幅に合わせた行動項目を作る必要があります。

つまり、問題や課題、目標を小さく「仕分ける」と、行動を起こしやすくなるわけです。一歩ずつが楽に踏み出せるため、スピーディに動くことができ、結果的に成果を生み出しやすくなります。

そして、これは仕事の「段取り」そのものでもあります。


ここで言う「小さく仕分ける」とは、「今すぐ誰でも気合いを入れずに着手できるレベル」のことです。私はベイビーステップと呼んでいます。赤ん坊でもできるくらい、行動項目を小さく仕分けるわけです。

「面倒くさい」「何をしていいのか曖昧だ」「不安だ」「むずかしそう」と感じるなら、まだ行動項目が大きいと言えます。

問題を最小化すれば「すぐやる人」になれる

それでは、具体的に行動を仕分けて、段取りをする方法を見ていきましょう。

たとえば「お客様を集めてセミナーを開く」というミッションがあるとします。

これだけだと、ミッションが大きすぎて何から手をつけてよいか、あいまいな状況です。

このような場合、行動項目を「大項目・中項目・小項目」の3段階に仕分けて書き出していきます。

- **大項目**……①集客、②セミナーコンテンツの作成、③会場・告知ツールの準備
- **中項目**（大項目①集客の部分）……①既存顧客、②見込み客
- **小項目**……（既存顧客）案内メール、（見込み客）ウェブページの作成とチラシ作成、

3段階の小項目まで来ると、行動項目がかなり小さくなっているはずです。小項目の1つずつなら、大きな馬力を必要とせずにスタートできるのではないでしょうか。

それでもまだ何をしていいのか不安を感じているなら、さらにブレイクダウンして、気軽に取りかかれるレベルまで小さくしていきます。

ムダをゼロにする「やらないことリスト」のススメ

楽にこなせるまで小さく仕分けした行動項目は、そのまま「やるべき業務」になります。ゴールから逆算して業務を割り出すのは、優先順位をつけるためにも不可欠な作業です。

この業務の書き出しは、多くの人が実行していることかもしれません。

ただし、問題なのが業務の量です。

時間は無限ではありませんし、仕事は複数の案件が同時進行していたりします。プライベートの用事まで含めると、やるべきことの量は膨大になってしまうのではないでしょう

■行動ステップを3つのサイズで仕分ける

大項目	中項目	小項目
①集客・ 告知ツールの 準備	①既存顧客	・案内メール
	②見込み客	・ウェブページの作成 ・チラシ作成 ・DM制作業者選定
②セミナー コンテンツの 作成	①資料集め	・各部署への依頼メール ・集計作業
	②PowerPoint データ作成	・構成決め ・課長チェック ・図表作成 ・部長チェック
	③配付資料準備	・必要部数確認 ・プリント
③会場選び	①会場候補地 選び	・会場予算の確認 ・検索で5候補選択 ・部内で3候補に絞る
	②下見	・下見問合せ ・同行者予定確認
	③会場申し込み	・契約書の取り交わし

頭の中を仕分ける質問

Q.「なんとなくむずかしそう」と思うあなたの行動テーマは何ですか？
Q.大項目〜小項目を書き出すと、ベイビーステップは何になりますか？
Q.今、どのベイビーステップに、集中すべきですか？

か。

そのため、「業務を減らす」という発想も必要になります。「やるべきこと」と「やらないこと」で仕分け、業務を〝最小化〟してしまうのです。

現代経営学の父と言われるP・F・ドラッカーは、著書『創造する経営者』の中で、次のように述べています。

「誰にとっても、優先順位の決定はそれほどむずかしくない。むずかしいのは劣後順位の決定、なすべきでないことの決定である」

つまり、「やらないことを決めるのはむずかしい」と言っているのです。しかし、それ故に、優先順位よりも劣後順位、つまり「やらないこと」を先に決めることを勧めています。重要なタスクにより集中するためです。しかし、ドラッカーが言うように、「やらないこと」を決めるのは簡単なことではありません。

そこで私は、決断を速く、間違いなくするために、あらかじめ「やらないことリスト」

■やらないことリストの例

□プッシュセールスはしない	□規模を「拡大」しない
□「お願い営業」はしない	□「上場」を目指さない
□業務の「代行」はしない	□「無料サービス」はしない
□赤字企業の「再建」はしない	□「在庫」は持たない
□無意味に「事務所」は持たない	□「業者扱い」されたくない
□無意味に「雇用」しない	□「モノ売り」「モノづくり」はしない

を作成しています。一度リストを作ってしまえば、劣後順位をつけやすく、迷いが少なくなるのです。

もちろん、「やらないこと」は永遠に絶対的なものではありません。「将来にわたってやらない」と決めているものもあれば、「今はやらない」項目もあります。「3年後にやるため、今はやらない」などもあるでしょう。

「やらないことリスト」も状況によって見直しながら使っていると言えますが、リストがあれば、業務量を減らすきっかけになります。

忙しいときは「今」を基準に仕分ける

それでも、「やることが多すぎてパニックになりそう」という状況に陥ってしまうことがあるかもしれません。

業務に追われると、計画したり、効率の良い段取りを考えるどころではなくなる人もいるようです。

特に、仕事で複数の案件が進行しているとき、方向性の違う業務をほぼ同時にこなす必要があるときなどは、「忙しい感じ」が増していきます。

「A案件で上司に報告しなければいけない。B案件の提案書も書かなければいけなかったな。あとは、C案件のクライアントに連絡しなきゃ。あ、その前に資料を集めなきゃいけなかった」

忙しければ忙しいほど、頭の中がごちゃごちゃの状態になり、何から手をつけていいのか慌ててしまう。

こうなると、業務にモレが発生したりします。仮にすべての業務をこなせても、バタバタしすぎて強い疲労感が残ってしまうでしょう。達成感にはほど遠い状態になってしまいます。

業務が多く、優先順位をつけにくいときにも、仕分けが有効です。このようなときには、時間軸を「今」に限定して仕分けましょう。「今、集中すべきもの」だけにして、それ以外は「いったん捨てる（保留）」か「捨てる」かして、〝最小化〟します。

たとえば今日の午前中に取りかかる業務を決めるなら、一つずつ「今かどうか」を確認して、優先順位をつけるのです。

- A案件の上司への報告……今（一番に行う）
- B案件の提案書……今ではない→いったん捨てる（明日の午前中に作成する）
- C案件のクライアントに連絡……今ではない→いったん捨てる（今日午後メールする）
- C案件の資料を集める……今（上司への報告後、午前中に終わらせる）

すべての業務を一度に整理しようとするとごちゃごちゃしますが、一つずつ「今」か「今でない」かを仕分けていくと、やるべきことをシンプルにできるはずです。

ごちゃごちゃのままで仕事に取りかかっても、気持ちは焦るばかり。学生時代の試験前を思い出してください。英語、国語、数学、理科、社会など勉強しなければいけない科目はたくさんあります。

しかし、すべての科目の教科書・参考書を机の上に置いておくのは非効率です。英語を勉強する際には英語の教科書・参考書だけ。英語が終われば、それを片づけて次に勉強する数学の教科書・参考書を机の上に広げるはずです。

複数案件を同時に考えるのは、すべての科目の教科書・参考書を一度に机に並べるようなもの。これでは集中できず、「忙しい感じ」になるのは当然です。

バタバタしていると、ミスしたり、大切な締め切りが抜け落ちたりします。たとえ締め切りを守れても、「忙しい感じ」のせいで、疲労感は相当なものになります。時間の非効率は自由時間や創造時間の減少にもつながります。

「忙しくて大変だ」と感じたときほど、遠回りせず行動できるよう、立ち止まって仕分けする時間を作る必要があるのです。

カレンダーとやることリストは、あえて分けない

業務を割り出して整理したら、必ずそれぞれの期日を決めて、手帳などに書き込みましょう。このスケジュール管理で大切なことは、アポイントとやるべき業務を一元化することです。

よく「今度食事をしましょう」と言いながら、日時を決めない人がいますが、これでは実現はありません。「今度やろう」「いつかやろう」ではなく、ピンポイントで日付を決め込むことが大切です。

仕事には必ず締め切りがあります。商品の納品日やプロジェクトの完了日、経理の締め日なども、締め切りの1つです。

資格試験の試験日なども同じでしょう。締め切りの「日付」までに、すべての勉強を進めていきます。これがスケジュール管理です。

資格試験の場合、試験日から逆算して、科目ごとに進行具合を決めていきます。「○月○日はA科目の○ページまで」「○日はB科目の過去問題○ページまで」などです。みな

さん学生時代に経験したことがあるのではないでしょうか。

仕事のスケジュール管理も要領は同じで、最終的な締め切りから逆算し、「何を」「いつ」行うかを決めていきます。決めたらすぐにカレンダーや手帳に書き込んでいきましょう。

複数の人が関わるプロジェクトの場合は、「①何を行うか、②誰が行うか、③いつまでに行うか」の3項目を入れます。これがプロジェクト進行の骨組みです。

決めて、進行を管理すれば必ずプロジェクトは進み始めます。この3項目を徹底的に突き詰めてください。

ちなみに、私の場合、スケジュール管理はグーグル・カレンダーで行っています。基本的にアナログ人間で、手書きメモや新聞、雑誌を好みますが、段取りだけはグーグル・カレンダーをフル活用しています。

理由は、手帳は修正が面倒なのと、荷物になるからです。グーグル・カレンダーはスマートフォンと同期できるため、移動中などでも手元ですぐにスケジュールを確認できますし、修正も簡単に行えるので便利です。

頭のいい「グーグル・カレンダー」の使い方

業務と時間を必ず紐づけるためには、カレンダー部分の使用を中心にすることです。グーグル・カレンダーの機能にはto-doリストもありますが、基本はカレンダーを使って、「時間」を意識します。タスクの入力の切り口は、以下の3つです。

❶その業務はいつから行うのか
❷その業務はどのくらいの期間で行うのか
❸その業務はいつまでに行うのか

特に重要な業務には、項目の頭に★印をつけて、目立つようにするのも、工夫の1つです。さらに、スケジュールの内容ごとに色で「仕分け」して入力することで、見た目にわかりやすく整理しています。私の場合の色分けは次のように決めています。

❶**緑**……自分で行う業務
❷**青**……他人とのアポイント
❸**オレンジ**……プライベート

私が入力する業務は本当にさまざまです。

細かい業務は発生した時点ですぐに入力します。ほとんど備忘録と言っていいほどの内容で、「通帳を準備する」「取引先への振り込み」「○○をAさんに頼む」「何時から何時までに○さんにメールする」なども業務として入力しています。

「向こう3年間の貯金計画」なども入力しています。業務というより、その時点での目標値です。一定の間隔で入力することで、貯金のペースを確認するわけです。

むずかしい仕事、おっくうな仕事の場合には、前述した「大項目・中項目・小項目」で業務を仕分けして、整理した上でそれぞれを入力していきます。

プロジェクトの場合は、まずフローチャートの進行表を作ってから業務を整理することもあります。

成功する人の計画、忙しさに流される人の計画

グーグル・カレンダーは1日から1年程度のスケジュールを管理するのに便利ですが、長期の一覧性には長けているとは言えません。

3年ほどの中期、5年以上かけて達成したい長期の夢などは、グーグル・カレンダーで管理するのはむずかしくなります。

この問題を補うために、中期計画、長期計画と短期とを別に「仕分け」て、管理する必要があります。中期的、長期的、将来のイメージレベルの予定は、見やすい状態で保存しておくわけです。

仕事のこと、プライベートのこと含めて、長期・短期のことなど一元管理します。

中長期計画と日々のスケジュール管理とを別に仕分けておくと、大きな目標や将来の夢が揺るがないので、自分が行きたい方向を見失わないという利点があります。

ゴールが明確だと、最も結果を出すのに効果のある選択肢を選べるようになる、という

	年商	月商	うち新事業	年収
STEP1. / 2015	●●●●円	●●●●円	●●●●円	●●●●円
STEP2. / 2016	●●●●円	●●●●円	●●●●円	●●●●円
STEP3. / 2017	●●●●円	●●●●円	●●●●円	●●●●円

★全て上記数値目標と下記スケジュールでやらなければ３年後の目標達成は無理。
コレが最低必達ラインである。

上記目標達成のためには？

来期●●●●円とるためには、平均で月商●●●●の目途を
２０１６年４月までに作っておく必要がある。

そのためには？

そのために、遅くても更に半年前の２０１５年１０月から
新規事業が本格化し、コアファンづくりを終えておく必要がある。

そのためには？

２０１５年９月までにコアファンづくりのための
プロモーション活動が必要。

そのためには？

２０１５年７～９月の３ヵ月間で●●●●が必要。

そのためには？

・遅くとも２０１５年７月・８月の２ヵ月間で、●●●●を
設計しておかなければならない。
・●●●●を行う。

①２０１５年７・８月 ●●●●
②２０１５年７～９月 ●●●●
③２０１５年１０月～２０１６年３月 ●●●●
④２０１５年１０月～１２月 ●●●●
⑤２０１６年１月～３月●●●●
⑥２０１６年４月～●●●●

■長期計画 書式のサンプル

【長期目標】

年度	年商	年収	基本方針
2014年（39歳）	●●●●	●●●●	集客最優先で
2015年（40歳）	●●●●	●●●●	ベストセラー＋メディア出演＋ 知名度確立
2016年（41歳）	●●●●	●●●●	収益源の多角化
2017年（42歳）	●●●●	●●●●	盤石の基盤作り
2018年（43歳）	●●●●	●●●●	飛躍、次の事業へ投資 （自分ビジネス以外へ参入）

＜2014年度 詳細＞

□ＢｔｏＣ事業の基盤作り（集客・リストどり＋商品づくり＋今期中に月商●●●●の達成）

□セミナー＋書籍＋ＢｔｏＣ事業のエコシステムづくり

□ファンづくり活動の強化（紹介制、ファンクラブ・会員制、クチコミの仕掛け）

□自分ブランドの向上：内部留保の蓄積→広告への投下→ブランド力向上と安定的な受注基盤の構築

★コラボでビジネスを展開（スクール、ワークショップ）

【中期目標】クウォーターごと
入金ベース

月度	月商	基本方針
4〜6月	●●●●	資金繰り、ＢｔｏＢ営業強化期間＋ ＢｔｏＣ事業構築（集客、商品づくり）
7〜9月	●●●●	早期返済、ＢｔｏＢ営業強化期間＋ ＢｔｏＣ事業構築（集客、商品づくり）
10〜12月	●●●●	・早期返済、ＢｔｏＣ事業の集客拡大＋ 収益化：月●●●●目標 ・ＢｔｏＣ事業専門サイト制作＋ ブランディングに投資 ・リストどりに投資 ・コラボビジネス
1〜3月	●●●● toB:●万 toC:●万	・早期返済、ＢｔｏＣ事業の集客拡大＋ 収益化：月●●●●目標 ・ＢｔｏＣ事業専門サイト制作＋ ブランディングに投資 ・リストどりに投資 ・コラボビジネス

行動管理にもつながります。

ネット大手ＧＭＯ社の熊谷正寿社長は、「夢手帳」と呼ぶシステム手帳１冊に中長期計画をまとめています。中長期スケジュールはもちろん、やりたいことリストや夢をかなえる未来の年表などをシステム手帳のリフィルにしているそうです。

私の場合は、パソコンでＡ４用紙にまとめ、プリントアウトしたうえでクリアファイルに挟んで持ち歩いています。このＡ４用紙が中長期計画で、グーグル・カレンダーは短期というイメージです。

パソコンで作成しているのは、最初にフォーマットさえ作ってしまえば、あとはその値を書き換えるだけで、手書きよりきれいにまとめられるうえ、修正も簡単だからです。

私とＧＭＯ熊谷社長との違いは、手帳にするかパソコンで作成してプリントするかだけで、「夢の達成」という目的は同じと考えてください。そのため、手段は自分が楽な方法を選べばよいでしょう。

好みであれば、高級なファイルやオリジナルでオーダーした革の手帳を使うのもおすすめです。自分が愛着を持てるアイテムを使うと気分がよく、目を通す回数も増えるのではないでしょうか。

自分の「ベース・ステーション」を持ち歩く

私がクリアファイルに挟んで持ち歩いているのは、中長期計画だけではありません。それ以外に、次のような書類をパソコンで制作し、プリントアウトして持ち歩いています。

- ルーティン・リスト（毎日やること、週でやること、月でやること）
- 1ヵ月の目標、最重要課題
- 1年間のスケジュール（四半期ごと）
- 進捗管理
- 5ヵ年計画（仕事・プライベートそれぞれ）
- 個人の財産管理
- 会社の資金繰り表
- 健康マイルール
- 自分に刺激を与える雑誌の切り抜き

これらをまとめて、私は「ベース・ステーション」ファイルと呼んでいます。このファイルには私の仕事もプライベートも、ほとんどのことが網羅されています。自分にとっての重要事項が整理され、視覚化されているので、モレもありません。

なぜ、このようなファイルを持ち歩くかと言えば、長期の夢を叶えるためです。5ヵ年計画、四半期スケジュール、1ヵ月スケジュールにブレイクダウンして、中長期のイメージを可視化しています。

この「ベース・ステーション」ファイルは、毎日持ち歩き、空き時間や移動時間に見ています。仕事・プライベート共に自分に関するほとんどのことが書かれているので、自分の行動指針になり、夢への進捗管理にもなります。

さらに、後ほど紹介する「ジブン会議」のたびに見返し、必要であれば修正・加筆を加え、バージョンアップしています。

夢実現のためにはグーグル・カレンダーとファイルを使って、「長期的な目標」と「日々の予定」を仕分けしておくことが大事です。こうすることで「夢」と「実務」の混同が避けられ、それぞれ「今、何をすべきか」ハッキリさせられる。つまり、問題を最小化できるのです。

「ルーティン」に仕分けて、自動化する

「ベース・ステーション」ファイルに格納する書類は、ほとんどが中長期の計画の一覧性を目的としているものです。しかし「ルーティン・リスト」はそれ以外のものと少し趣が違いますので、詳細に紹介しましょう。

ルーティン・リストは、名前の通り「繰り返し行う業務をリスト化したもの」です。これは、仕事をスピーディにこなす、また業務を減らす目的で作成します。

あなたには、「やらなければいけないけれど面倒」と感じる業務はないでしょうか。何度も行う作業はだんだん刺激や達成感が薄れてくることもありますよね。その分「面倒だな」と感じてしまい、心理的な負担が増してしまうのです。

このような業務は、あえてルーティン化することで、省力化することができます。

毎朝行う歯磨きを負担に感じる人は少ないでしょう。歯磨きを「やるべき作業」と認識している人もあまりいないはずです。それと同じように、運動や勉強、掃除だって、習慣化してしまえば心理的負担は大きく下がるのです。

また、自分でルーティン業務であると意識することで、「書式やテンプレートを作ろう」などと、業務負担を軽減する視点ができるというメリットもあります。

新しいルーティンを加えるのは「しょっちゅう同じことをやっているな」「面倒くさい業務だな」と思ったとき、あるいは「忘れそうになってヒヤリとした」ときです。

私は、メルマガの配信やブログの更新をついついさぼりたい怠け心が出ることがありますので、ルーティンに組み込みました。こうなると、不思議と機械的に業務に取りかかることができるので、それ以来は順調にこなしています。

ルーティン化することで心理的負担が減り、タスクというより自然に行う習慣になるのです。

では、どうすればルーティンに組み込めるか？　そのコツはリスト化することです。

「毎日やること」「週でやること」「月でやること」を仕分けして、ベース・ステーションに入れておくと、ルーティン作業を自動操縦できるようになります。

参考までに、ベース・ステーションに挟んでいる私のルーティンをご紹介しましょう。

●**毎日**……SNSの更新、翌日のベスト3タスク作り、朝トイレ掃除、神社への参拝
●**毎週**……メルマガの配信（週2回）、会社資金のチェック、靴磨き、ジブン会議
●**毎月**……取引先への支払い、締め作業

面倒な業務をルーティン化することで、今考えるべき問題は数が減り、最小化します。その分生まれた余力や時間は、頭を使う創造的な作業やアポイントに使いましょう。本当に考えなければいけないことにつぎ込むことで、パフォーマンスは格段に上がります。

なお、ルーティン作業はグーグル・カレンダーにも入力しています。ルーティンですから、先々まで入力するのが大切です。私はグーグル・カレンダーの「繰り返し」機能を使ったり、手動で半年先まで入力しているものもあります。

ルーティンは、基本的に減ることがあまりありません。増えるほうが多いのですが、これは「仕事が増える」のではなく「自動化が増える」のですから、より日々の問題を小さくできるはずです。

適度な〝ゆるさ〟こそ、目標達成のキモ

業務を整理して、時間を紐づける際のコツは、ある程度〝ゆるく〟行うことです。業務と時間のセッティングは必ず行いますが、その完成度については求めません。「100%完璧な段取りをして、絶対に成功させよう」などと考えないことです。

子供の頃、夏休み前に計画した宿題計画が1週間ほどで崩れ、やる気を失ってしまう経験をしていないでしょうか。もしくは学生時代の試験勉強で計画通りに進まず、それが嫌でよけいに机に向かう気力を失うような経験はなかったでしょうか。

まじめな人ほど、段取りどおりに進まないと気力を失ったり、パニックに陥ったりします。

しかし、仕事は結局、やってみないとわからないところがあります。

30分と見積もった仕事が40分かかった。

電車の遅延や渋滞でいつもより移動時間が15分余計にかかった。

急なクレーム対応で予定していた仕事ができなかった。

よいアイデアが生まれた瞬間に取引先から電話があり、忘れてしまった。

レポートをまとめている最中に上司に呼ばれ、進められなかった。

「最も効果にインパクトがある」と予測した戦略が、実際はたいしたインパクトがなかった……。


仕事では、このような状況が頻繁に起こります。むしろ、予定外のことが何も起きない日のほうが少ないくらいです。

そのため、「100%の段取り」を意識するより、「段取りはたたき台」と考えて、気楽に予定しましょう。実際に行動をしながら調整し続けていくわけです。

仕事は、「100%にこだわるもの」と「60%でいいもの」の仕分け発想で、取り組み方を変えないといけないのです。

一流の人たちは、失敗しない人と見られがちですが、それは大間違いです。むしろ、行動しながら小さな失敗をし、調整しながら成功に近づいていくのが一流の人。PDCA（プラン→ドゥ→チェック→アクション）を重要視し、計画・実行・評価・改善というサイクルをガンガン回していくからこそ、成果を生み出すのです。

つまり、「失敗したら軌道修正すればいい」と割り切っているから一流と言えます。

将棋の羽生善治名人の言葉に、「勝負どころではごちゃごちゃ考えないことが大事」というものがあります。

成果を出すには、段取りやアクションの「正しさ」より、「早く」行動すること。あとはPDCAのサイクルの中で、仮説・検証を繰り返しながら、成果に近づいていきましょう。

段取りは60％の完成度で十分です。

頭の掃除に、定期的な「ジブン会議」を

段取りのPDCAは、変更事項が起きた際にその場で行います。アポイントや業務の進行具合などは、日々、変わっていきますから、その都度、行うほうが効率的です。

移動中ならスマートフォンからグーグル・カレンダーに入力し直したり、打合せで次のアポイントが変更になれば、すぐにパソコンで入力します。

しかし、この日常の修正作業だけでは、スムーズに仕事が進まなくなることがあります。頭の中が何となくぼんやりしたり、ごちゃごちゃになって、集中力がそがれたり、優先順位が混乱してしまったり。

それは、ちょうど部屋の掃除のようなものです。

新居に引っ越ししたときにはきちんと整理整頓して片づけたのに、しばらく暮らしているうちに部屋が雑然としてしまう人がいます。チリやホコリがたまってしまう人もいるでしょう。原因は明確で、掃除をしていないからです。

日々の修正作業は、暮らしの中の片づけのようなもの。モノを出して使った後に、元の場所に戻す作業に似ています。

これだけでは、きれいな部屋を保つことはできませんよね。ゴミ捨ても必要ですし、ホコリもたまります。定期的な掃除に加えて、たまには日常の片づけではなかなか手をつけないスペースの大掃除も必要です。

段取りも同じことが起きます。業務を整理してカレンダーに書き込んでいても、新しい業務は毎日生まれ、新しい課題や問題も発生していきます。プライベートでトラブルが起きて、メンタルに影響することもあります。

細かい変更事項は都度、対応しても、これが積み重なっていくと、頭の中にはだんだんホコリがたまってきます。これが仕事がスムーズに進まない原因です。

だからこそ、定期的に頭の中を整理して、心を整える時間を持つ必要があります。

そこでおすすめしたいのが、「ジブン会議」です。

ジブン会議は、文字通り、自分だけが出席する、自分のための会議。強制的に時間をとって、頭の中の問題を仕分けすることで思考を整理し、仕事の段取りはもちろん、長期の目標など、重要事項を確認します。セルフコーチングのための時間とも言えるでしょう。

コツは、心を意識的に「今ここ」に集中させること。評価や判断を行いません。すべてをシャットアウトし、一人で行います。

その他のジブン会議の開催要項は次の通りです。あらかじめ次の4点を決めておくと、有意義な時間になります。

❶When（時）

頻度、時間帯、曜日を決めます。最初は月に2回の計1時間程度、日曜日か月曜日の朝でいいでしょう。スケジュールにジブン会議の予定を入れておき、ブロックします。

私の場合、短いジブン会議が週に2回30分程度。あらかじめ決めておいた質問を自分に投げ、スケジュールを確認する程度で軽めに終わらせます。加えて、1時間のジブン会議が週に1回です。これは質問とスケジュール確認に加えて、問題解決の時間にも使っています。

❷Where（場所）

エリア、会場を決めます。おすすめは自宅や職場以外の場所です。

室内であれば、カフェやホテルラウンジ、高層ビルのお店、ファミレスなど。並木道、公園、海岸沿い、神社など落ち着く野外で行う方法もあります。BGMや音の許容度も決めておきましょう。

❸What（内容）

質問事項・確認事項を決めます。セルフコーチングは質問内容がカギです。私は以下の3点を自分に質問し、確認しています。

①どのようになりたいか？（何にフォーカスする？）
②どのようにすればよいか？（他人力は何を？）
③どんなスケジュールで？（行動の第一歩目は？）

慣れるまでは、図にある7つの質問から始めてみてください。そのうち、自分に必要な質問事項が絞られ、できあがっていくはずです。

❹How（方法）

ジブン会議の進め方、実践方法も決めておきましょう。私は会議を開催する前に「始めます！」と宣言を行います。自問自答はメモを作成しながら行い、終了したら議事録とし

■ジブン会議の7つの質問

❶ あなたは最近、自分の心の状態がどうなっているか知っていますか？
❷ あなたは、過去のしがらみに囚われすぎていませんか？
❸ あなたは最近、ネガティブな言葉や感情を持つことが増えていませんか？
❹ あなたは最近、本当に好きなことをしていますか？
❺ あなたは最近、腹を抱えて笑ったことがありますか？
❻ あなたは最近、感動して泣いたことがありますか？
❼ あなたは、自分の将来や10年後の夢を持っていますか？
?

て骨子を自分宛にメールしています。絵などでメモをしてもよいでしょう。

1日の「ベスト3業務」を仕分ける

ジブン会議は心を健全な状態に保つ効果がありますので、定期的に行ったほうがよいのですが、1日の中に心を鎮める時間を持つことも大切です。

サッカー日本代表のキャプテンを務めたことで知られる長谷部誠選手は1日の最後に「心を鎮める30分」を作っていると言います。

私にとっては、翌日の業務を整理する時間が、これにあたります。

夜11時くらいに、翌日の予定を確認し、重要業務ベスト3を選び出します。夜11時の理由は、この時間になると翌日の予定が変更になることはほぼないからです。

寝る前に翌日の段取りをすることで翌日のイメージトレーニングができますし、すっきりして就寝できます。翌朝、バタバタすることもありませんので、その分、新聞を読んだりする時間にあてることができます。

もちろん、翌朝も朝食をとり、新聞を読んだ後にその日のスケジュールを再確認しますが、これは念押しです。前日には段取りがすんでいるので、頭はすっきりしています。

私が行う翌日の準備は、グーグル・カレンダーをチェックして、重要業務ベスト3を仕分けることです。

1日のうち、こなせる業務の数は、15分程度で終わるような雑務も含めると、10個程度ではないでしょうか。そのうち、時間がかかる大きめの業務や人と会うアポイントなどは、1日せいぜい3つが限界です。

そのため、1日の業務、アポイントを仕分け、重要項目を3つ選んで、メモ帳に書き出します。

これは、管理のためではなく集中のためです。手で書くことで、「明日はこの3つを片づける」と意識づけます。「成果、目的、ゴールは何か」をメモに加えると、より強力な意識づけができます。

たくさんある業務を絞り込む。こうして問題を最小化することで、「やるべきこと」に集中する素地ができるのです。

あらかじめ業務を手帳などに書き出している人は、マーキングしたり、番号をつけるのもよいでしょう。

私が使っているのは、無印良品のわら半紙でできたメモ帳です。書いたら、ぐちゃぐちゃっと丸めてズボンの右ポケットに入れます。きれいにたたんでしまうと、ポケットに入れたときにスルッとなじんで存在感がなくなってしまうからです。私はポケットに手を入れる癖があるので、そのたびに今日の重要事項を意識することができます。

「バイオリズム」を計画に落とし込むとうまくいく

段取りの際には、バイオリズムと緩やかに結びつけるのも、仕事がうまくいくコツです。

1日のバイオリズム

1日を朝、午前中、午後、5時以降（夜）の4つに仕分けて、それぞれの時間帯に最適なタスクを入れます。

「クリエイティブな企画書作りは朝がいい」と勧める人が多いようですが、私の場合は不思議と5時以降のほうが集中してスピーディに仕上げられます。そのため、創造性が求められる業務はできるだけ5時以降に入れています。

それぞれの時間帯で自分はどんな作業をするのに向いているか。バイオリズムと照らしあわせながら時間を仕分けることで有効活用しましょう。

業務のバイオリズム

業務は基本的に15分単位で管理しています。やりがちな失敗として「1時から2時の間で議事録を作る」というような、1時間単位でのタスクと時間の紐づけがあります。

しかし、1時間の時間を見積もるのは意外とむずかしいものです。

実際に業務に取りかかってみたら、「意外と早く終わりそうだ」というケースはないでしょうか。そのくせ、結局1時間かかってしまったり。これは、早く済ませられる仕事も自然と1時間に帳尻を合わせようと、ダラダラしているからです。

業務効率を上げるためには、時間を小刻みに「15分」「30分」「45分」と予定するのがおすすめです。

ある企業に「会議が時間通りに終わらない」と相談を受けた際にも、時間を15分単位にしてもらっただけで、時間内に結論が出るようになりました。時間がある分、無意味に話がふくれあがって、結論を出しづらくなっていたのです。

1週間のバイオリズム

1週間の使い方では、基本的に水曜日の夜を予備の時間にしています。新しい仕事、急な仕事が入ったり、段取りは常に変動しますので、臨機応変に対応していますが、どうしてもこなせなかったタスクなどが発生することがあります。この分を解消するための予備の時間が水曜日の夜です。

水曜日なのは、単純に週の真ん中だからです。予備の時間を金曜日にする人もいますが、これだとタスクが1週間分だぶついている可能性があります。金曜日の夜だけでは片づかない、ということになりかねないので、月曜・火曜・水曜のだぶつき分を水曜夜に解消する。木曜・金曜にだぶついたら土日で解消することを考えます。

1ヵ月のバイオリズム

1ヵ月という単位では、デッドラインを意識します。たとえば「セミナー開催」というその月の大きなイベントがあれば、グーグル・カレンダーに「あと2週間」「あと1週間」とわかりやすく項目を作っておきます。これは見やすい表示のためです。

しかし、緊張感を盛り上げるために、頭の中では「日にち」でカウントダウンします。「2週間以内に○○」ではなく、「14日以内に○○」としたほうが、頭の中に1日刻みでイメージできます。

私の場合、本当に重要なことは、CDClockというパソコンのアプリにも登録します。

指定した日付までの日数を表示するカウントダウン時計で、フリーウェアなので無料で使えます。パソコンの電源を入れると表示されるので、絶対に忘れられなくなります。

1年のバイオリズム

1年は四半期（3ヵ月）ごとに仕分けして、最も重要な項目、目標値を明確にしています。1年という漠然とした期間で区切るよりも、サイズを小さくして現実感を出すためです。

第2章の要点

- 仕分ければ「すぐやる人」になる
- スケジュール管理は色分けする
- 段取りは6割スタートでいい

「仕事の段取り」に役立つ仕分け

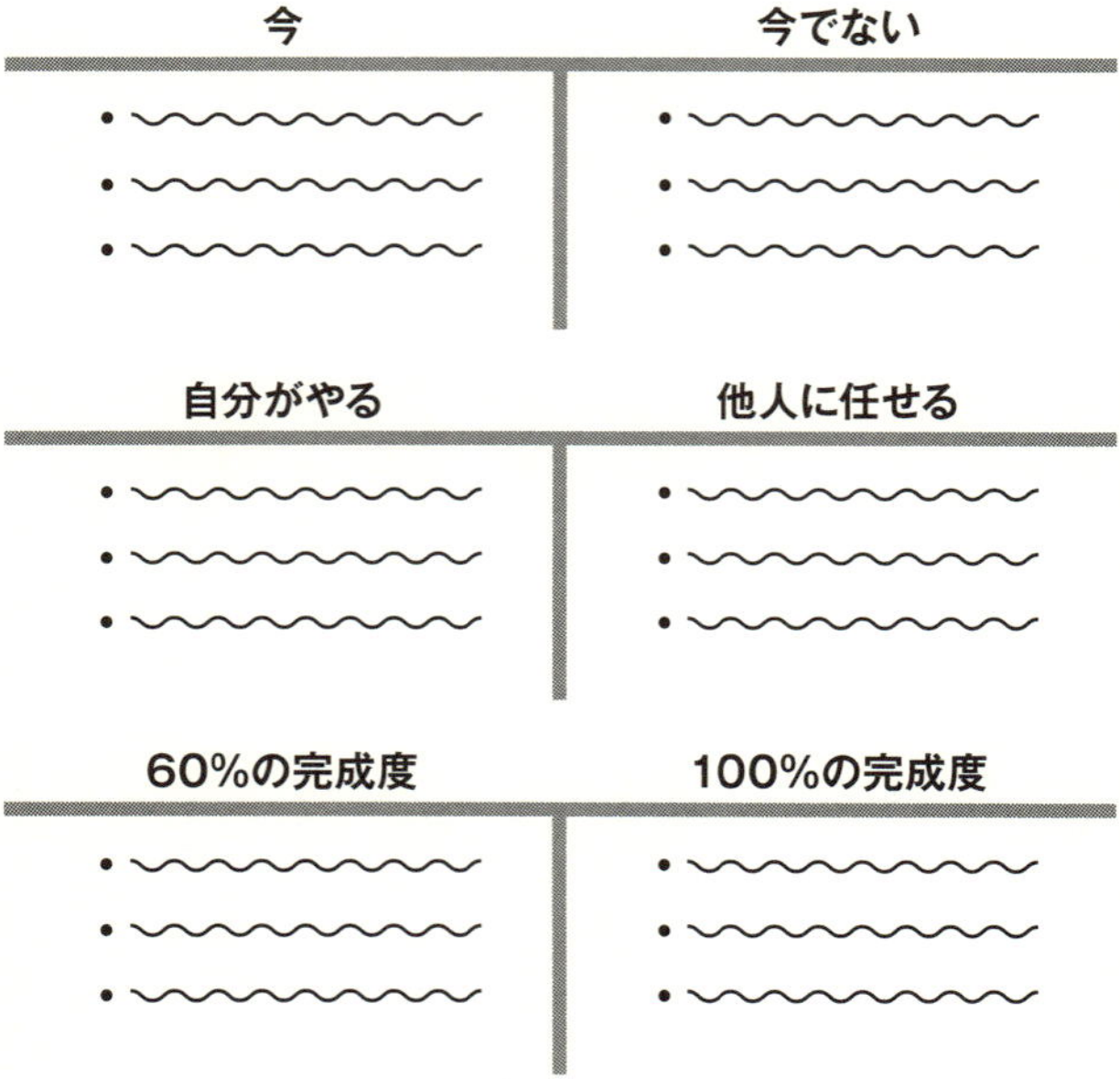

第3章

モノ・データ×仕分け

「分け方」ひとつで、情報は知識に昇華する

思考の整理には〝道具〟も必要

ここまで何度か触れてきた通り、頭の中がごちゃごちゃになったときは、部屋の掃除と同じ要領で「仕分け」をしていきます。

必要なもの、不必要なもの（ゴミ）に仕分けて、必要なものだけを残す。ゴミは捨てる。このステップで頭の中がすっきりします。

そして、これもまた部屋の掃除と同じなのですが、仕分けには、「道具を上手に使いこなす」ことも大切です。

洋服を片づける際には、クローゼットに上着を掛ける場所、下着を入れる引き出しなど、収納道具を上手に使うことで、効率よく収納でき、使い勝手も良くなるでしょう。

頭の中を仕分けるときも同じで、早く、正しく仕分けるために、道具の力を借りることをオススメします。「こういうときは、この道具をこう使う」というコツを覚えることで、頭の中がスッキリするのはもちろん、身の回りもすべてスッキリしていきます。

「紙」と「ペン」さえあればいい

仕分けの道具というと、パソコンやスマートフォンのアプリなど、何かＩＴ機器やサービスを使った高度なものを思い浮かべる人もいるでしょう。

そうではありません。

仕分けにまず必要なのは、紙と黒のサインペンです。

頭の中がたくさんの問題でごちゃごちゃしたときは、紙に書き出しながら仕分けする。

頭の中を見える化することで、問題を適切に仕分けることができ、最小化することが可能です。

紙も、上等なものではなく、Ａ４のコピー用紙でかまいません。一度使った後の裏紙なら、なおのことよいでしょう。というのも、頭がぐちゃぐちゃになったときには、きれいに書くよりも、バーッと大胆に書き出すことが大切だからです。

書きながら問題を見える化するのが目的なので、きれいにまとめる必要はまったくありません。大胆に、殴り書きで十分です。

書き出す際には、1テーマでA4用紙1枚を広々と使うのが大切です。少し贅沢な使い方ですが、もともとコピー用紙ですし、広々と使うほうが伸び伸び自由に書けます。

書く要領は簡単です。まず上にテーマを書き出します。

次に中央に線を入れ、左右に該当項目を書き出していきます。

筆記具は黒のサインペンがおすすめです。紙にひっかかりがなく、サラサラと書けるので、リズムが生まれ、書くストレスがなくなります。

終わったら、残しておきたいものだけファイリングして、それ以外は丸めて捨てます。

コピー用紙の裏紙なら、躊躇なく捨てられるのも大きなメリットです。

「練る」ときは方眼のレポートパッド

頭の中の問題を見える化する際はコピー用紙がよいのですが、企画を練るとき、経営戦略の決断をするときなど、重要な案件をじっくり煮詰めて考えるとき、残しておくメモを

■仕分けのメモ例

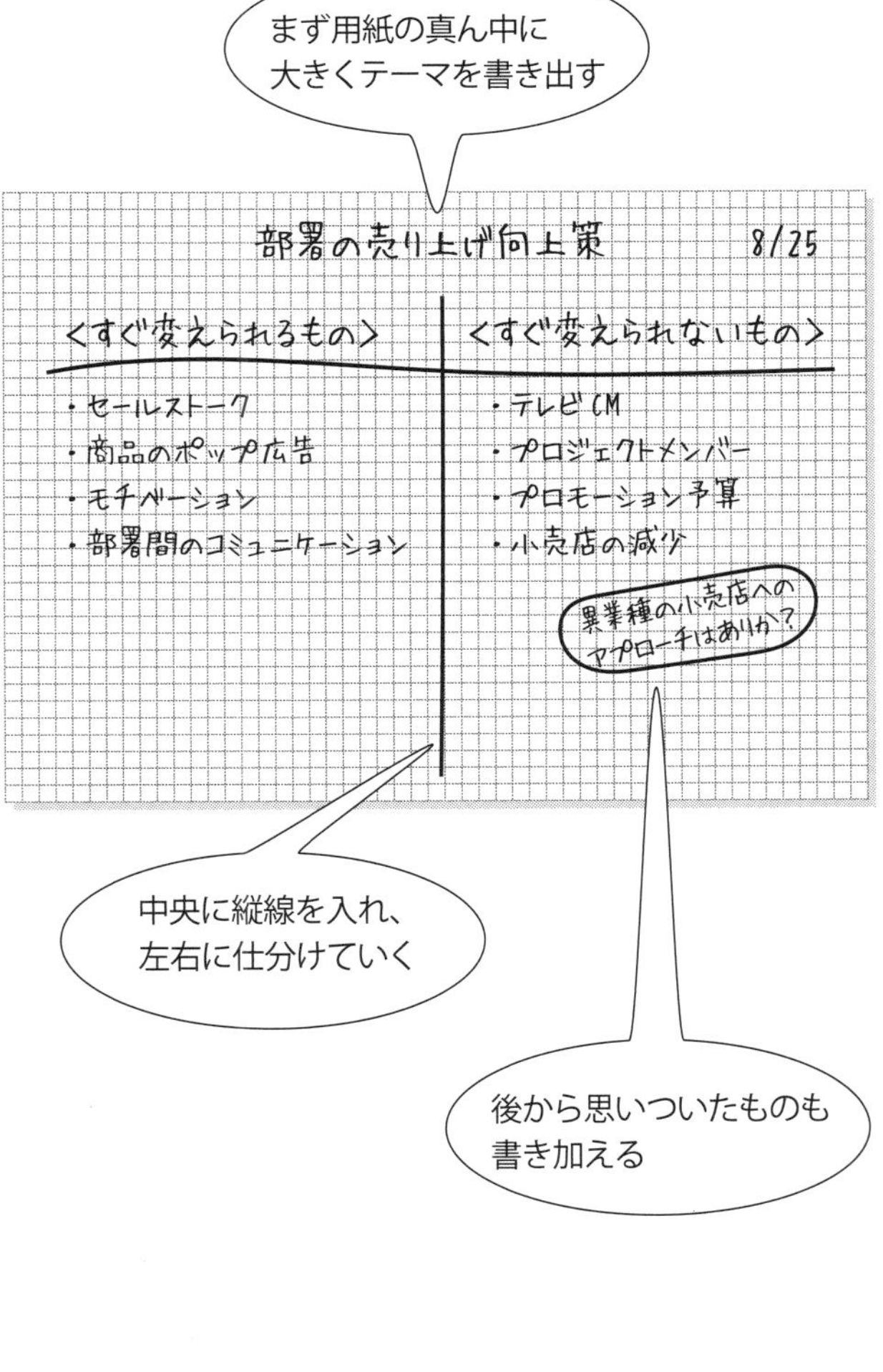

まず用紙の真ん中に
大きくテーマを書き出す
部署の売り上げ向上策
8/25
<すぐ変えられるもの>
<すぐ変えられないもの>
・セールストーク
・商品のポップ広告
・モチベーション
・部署間のコミュニケーション
・テレビCM
・プロジェクトメンバー
・プロモーション予算
・小売店の減少
異業種の小売店への
アプローチはありか?
中央に縦線を入れ、
左右に仕分けていく
後から思いついたものも
書き加える

するときには、方眼のA４レポートパッドを使います。

道具を使い分けることで、頭のスイッチが切り替わるからです。

なぜ、方眼なのでしょうか。

最近、一流のビジネスマンの間では、方眼がちょっとしたブームになっていることをご存じでしょうか。

著名コンサルタントの大前研一さんも、マッキンゼー時代から何か新しいことを考え出さなければいけないときには、特注の方眼ノートを使っていたそうです。


通常のノートやレポートパッドには、横の罫線が引いてあります。自然と、左から右に、上から下に書きますが、これはどちらかというと、文章を書くときに向いたスタイルです。

しかし、アイデアを生み出すときには、思い浮かんだ図を書いたり、落書きのような絵を書いたりすることもあるでしょう。方眼用紙ならば、縦横に罫線があるので、定規を使わなくてもきれいに図や線を書くことができます。

また、アイデアは論理的に、順番通りに生まれるわけでもなく、あっちに行ったり、こっちに行ったり、突然、方向性の違うことが浮ぶものです。

このようなときも、左から右、上から下と決まった使い方をしがちな横の罫線スタイルより、好きな場所に書きやすい、自由度の高い方眼用紙のほうが向いているのです。

大前さんの場合、特注のＡ２という巨大な方眼用紙を使っているそうです。その理由を「紙の面積は思考の広がりに影響を与える」と説明しています。私もＡ２ほどではありませんが、Ａ４をおすすめするのは、余白が多いほど、アイデアが浮かびやすくなると考えているからです。

さらに、この「考えを練る」場合には、筆記用具にもこだわりましょう。

私は万年筆で書くことをおすすめします。万年筆は不思議と味のある文字に見せてくれるので、書いていて気分がよいという利点があります。青色の万年筆ならさらに効果的です。青色は集中力を高め、深い思考をするときに向いていると言われています。

私が使っているのは、上京した日に買ったお気に入りの万年筆です。東京に引っ越しして初めて買い物をした思い入れのある筆記具で、かつ普段のメモには使わないちょっと高級なものを使うことで、気分が変わり、「しっかり文字を書こう」という気持ちになります。

普段使う「コピー用紙とサインペン」ではなく、「レポートパッドと万年筆」という組み合わせが特別感を演出してくれるので、「しっかり考えよう」と頭にスイッチを入れることができます。

じっくり集中して考えるためのちょっとした演出ですが、道具の使い分けもバカにならない効果があるのでおすすめです。

付箋紙の力を活かし切る人の「ルール」とは

仕事で使っていない人はいない、というほど普及している付箋紙は、仕分けにも役立つアイテムです。

しおりとして使うこともできますし、張り替えができるので情報のグループ分けにも有効です。用が済んだら、簡単に捨てられるのも便利な点でしょう。

私の場合、いつも3種類の付箋紙を使い分けています。赤・黄・青と色違いの3種類です。たとえば、スケジュールの補足やタスクに関するメモの場合、3種類の付箋紙を緊急度で使い分けて、ぱっと見で仕分けができるようにします。

●**赤**……最も緊急度が高いこと
●**黄**……それなりに緊急度があること
●**青**……緊急度があまり高くないこと

もちろん、使い分けの色などは、自分の好みでかまいません。大切なのは、「あらかじめこのように使う」とルールを決めておくことです。

これは、引き出しによって入れるものを決めておくのと同じこと。ルールがあれば、後は粛々とルールに従うだけで、自然と手が動くようになるので、頭を使わずとも仕分けができるようになります。

「クリアファイル」という最強の道具を使いこなせているか

使い分けているのは付箋紙だけではありません。クリアファイルもあります。日によって持ち歩くクリアファイルの数は違いますが、平均すると5～6枚ほどです。その内訳は、以下のようになります。

当日の業務に関するクリアファイル（3枚ほど）

アポイント、コンサルティング、研修など、その日の業務に関する資料は、プロジェクトごとに1枚のクリアファイルに挟み込むことで、仕分けしています。

新聞や雑誌の切り抜き記事、参考資料

コンサルティングに関係する新規事業に関する記事、メルマガや本の執筆のヒントになる資料、その他業務の参考資料などは、移動中に目を通すために、切り抜いて持ち歩いています。

会社関連の事務系書類

主に事務に必要な書類です。その日に購入した品物の領収書なども、このファイルに挟み込みます。

「ベース・ステーション」ファイル

中長期計画やルーティン・リストなども、毎日、持ち歩いています（65ページ参照）。

私たちは、日々大量の、しかも質の異なるさまざまな問題に対応しなくてはいけません。しかし、それらの問題に真正面からぶつかっていっても、問題が漠然としすぎていて対処のしようがありません。

そこで、クリアファイルという道具を使って、見た目にも問題を小さなサイズに仕分けることで、対応しやすくすることが大事なのです。

クリアファイルは「3種類」に仕分けて使う

クリアファイルは、毎日、外出先から戻ったときにすべてカバンから取り出して、それぞれ整理します。その日に受け取った領収書は経理のファイルに移したり、翌日に必要ないものは、整理棚に収納します。

そのうえで、翌日に必要なクリアファイルをピックアップし、カバンにセットし直します。このとき、当日の業務の順番に応じて、手前から並べるのがコツです。カバンを明けたとき、資料を探すことなくすぐに仕事に取りかかれます。

さらに、クリアファイルは、付箋紙と同様に重要度別に色分けすると、よりわかりやすくなります。私の場合、次のような色分けをしています。

- **赤**……その日の重要な業務の資料
- **黄**……注意して取り組むべき業務の資料
- **透明**……切り抜き記事や事務系書類など淡々と片づける業務の資料

仕事の終了時に、翌日の準備をするのは、ちょうど小学生の頃、翌日の時間割を整えていたのと同じイメージです。私は、翌日の業務確認の時間（77ページ参照）に一緒に行うこともあります。いずれにしろ、クリアファイルを揃えながら、翌日のイメージトレーニングもできるので、一石二鳥になります。

インプットは、収集前の「ファイル」作りが9割

持ち歩くクリアファイルの中に、新聞や雑誌の切り抜きを挟み込んだものがあることは、すでにご紹介しました。

■欲しい情報のフォルダをあらかじめ作る

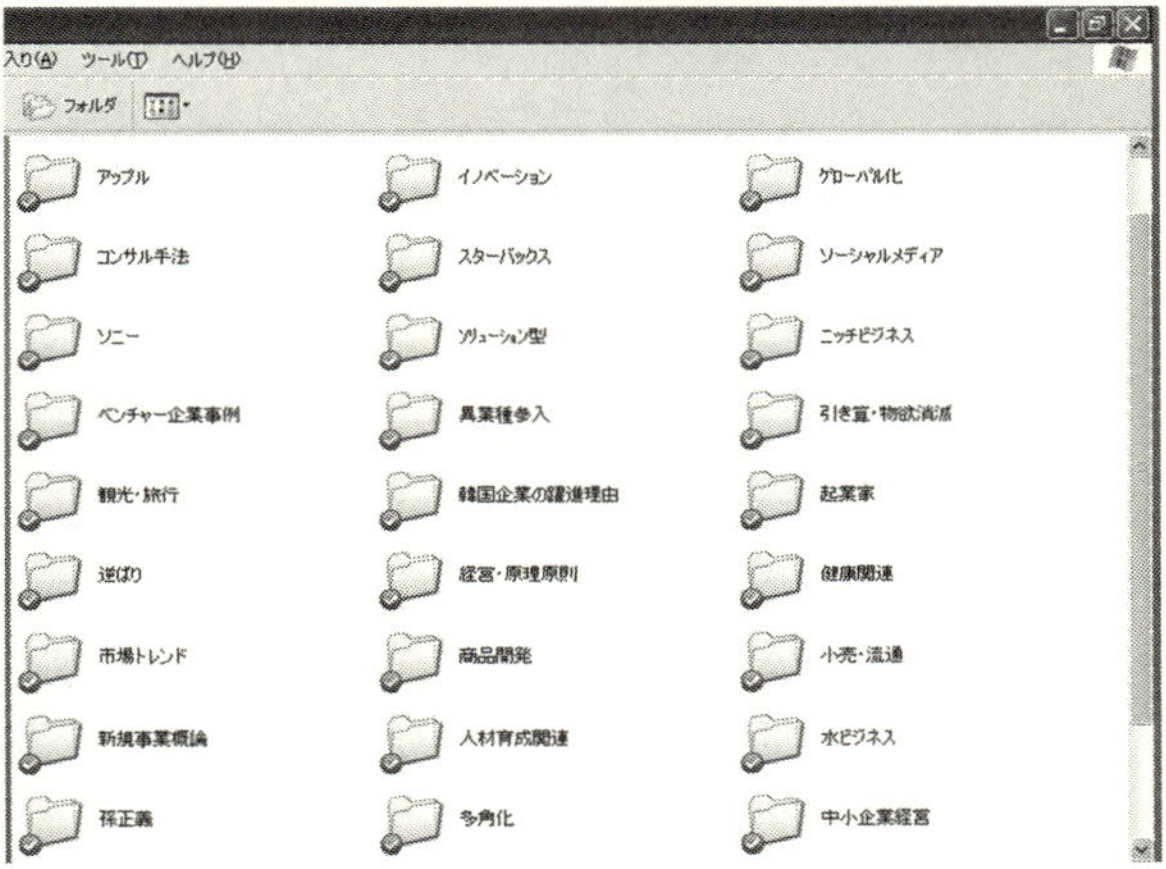

実は、この切り抜きクリアファイルは1枚ではありません。20枚くらいあり、内容によって仕分けて挟み込んでいます。

クリアファイルには、「新規事業」「マーケティング」「営業」「市場データ」など、あらかじめ仕分けたテーマをシールなどでラベリングしておきます。後は、その内容の記事を見たときに、それぞれのクリアファイルに放り込んでいくだけ。使うときは、その記事用クリアファイルの中から、翌日の準備をする夜に「明日はこのファイルを持って行こう」と1つ選び取るわけです。

この方法だと、記事はどんどん増える一方ですから、1ヵ月に1度程度、「仕分け」をします。必要ない情報は捨て、どうしても残しておきたいものは、スキャンしてデジタルデータにするか、保存用ファイルに綴じます。

これは、パソコンの使い方も同じです。

まず、テーマ別にフォルダを作成します。情報整理もファイルの整理も、集めた後で行うのではなく、先にテーマ別のフォルダを作ってから情報を入れていくのです。

「服を買いすぎたからタンスを買う」のではなく、「タンスを買ってから服を買う」とイメージしてください。先に収納用具があり、引き出し1つずつにラベルが貼ってあると、そこにふさわしい内容のモノが自然と集まり、自然と整理されていきます。

大切なのは「その他」や「保留」を作らないことです。

「その他」や「保留」があると、不必要なモノまでごちゃごちゃとため込んでしまい、それをきっかけに整理整頓が崩れていきます。

さらに、フォルダ分けは大・中・小の3階層までにします。

①コンサルティング、②現在進行、③クライアント名など、3階層でお目当てのファイルにたどり着くようにします。フォルダ分けを細かくしすぎると、かえってファイルを見

失いがちになるので注意しましょう。

仕分け自体が、高感度の「情報アンテナ」となる

なぜ、情報を集めるときは、先にテーマのラベルをつけるのでしょうか。

これは、情報に対してアンテナを立てるためです。

私は、コンサルティングの現場で「他社事例の豊富さ」を売りにしています。

「A社は○事業でこのような戦略、B社は同じ○事業でこのような戦略をとっていて、それぞれの特徴は……」

「C社の場合は似た問題で、このような対応策をとったそうです」

相手が戦略に迷ったり、問題解決手法で迷っているときには、その場で参考になる他社事例を提示できるのは、大きく評価をいただいている点です。

そのため、私はよく「どんな情報源を持っているの？」と聞かれることがあるのですが、特別なことは何もしていません。

主な情報源は日本経済新聞とスマホのニュースアプリです。日経流通新聞、日経MJ、一般紙だと読売新聞はざっと目を通す程度。雑誌は立ち読みで20～30冊チェックして、どうしても必要な1冊、2冊だけ購入します。

どれもおそらく、多くの人が目にしている情報だと思います。

ただし、同じ時間をかけて同じ新聞を読んだとき、コンサルティングに必要な情報を他の人より早く、多く得ることができると自負しています。

これは、私の頭がいいからでも、速読に長けているからでもありません。

単純に、その事柄についての情報を強く欲しているかどうかです。

「カラーバス効果」という言葉をご存じでしょうか。心理学用語で、英語で表記するとcolor bath、色を浴びるという意味です。

カラーバスは、たとえば朝、「あなたの今日のラッキーカラーは赤です」と言われたら、その日なぜかポスト、看板、車、店に並ぶ商品など、赤いものが次々に目に飛び込んでくる現象のことを指します。

もちろん、ポストはその日に限ってあるものではなく、以前からその場にあったものです。いつも通る道で、いつも目にしているはずのポストが、その日に限って目に飛び込んでくるのは、自分が赤を意識しているからに他なりません。

他にも、自分に子供ができると、街に子供が多くいることに気づいたり、好きなアーティストの情報はなぜか集めようと思わなくても入ってきたりすることがありますよね。

つまり、自分が強く意識している事柄は、自然とその情報が飛び込んでくるということです。脳の不思議な機能と言わざるを得ません。

私は「新規事業」「マーケティング」など、自分が欲しい情報のラベルがついたクリアファイルを持っています。同様に、パソコンの中にもフォルダを作っています。この作業で、「その方向に対するアンテナ」を張ることになります。

さらに、必要な情報は切り抜きをして、持ち歩いて読みます。1ヵ月を過ぎてもさらに必要だと感じた情報については、スキャンをして保存します。

この作業の過程で、自然とインプットされますので、いつも「他社事例が豊富」という状態を作っておけるわけです。

大事なのは、頭のよさでも、記憶力のよさでもありません。「先に情報が入る場所（ファイル）」を作ることなのです。

一流は、何気ない持ち物にこそ「こだわる」

ここまでで、私が普段、仕事のときに持ち歩いているアイテム、または仕事でよく使うアイテムを紹介してきました。

- 筆記用具
- 付箋紙
- コピー用紙
- クリアファイル
- レポートパッド
- パソコン、スマートフォン

多くのビジネスパーソンが使っているものばかりですが、持ち歩きアイテムはバッグの仕切りで仕分けて整理しています。

バッグのブランドにこだわりはないのですが、私が選ぶバッグはいつも3つの収納スペースがあるものを選んでいます。

左右がチャックで密閉できるスペースで、一方にパソコン、一方にクリアファイルを入れます。真ん中のスペースはオープンになっていて、すぐに取り出せるよう、新聞や雑誌を入れています。電車などでサッと取り出したいからです。

このように、持ち歩く際の「仕分けルール」があると、バッグの中をガサゴソと書類を探すこともありませんし、忘れ物もなくなります。

バッグを選ぶ際のコツは、自分の整理パターンに合うものにすること、と言えるでしょう。

同じように、財布も自分の整理パターンに合うものを選びます。

私は定期入れのパスケース、小銭入れ、マネークリップの3つを持っています。いわゆる財布は持ちません。

一流の人たちは、みんな長財布を持っているイメージがあるかもしれませんが、意外と財布を持たない派の人も多いようです。

有名なところでは、堀江貴文さんもそうですし、日本を代表するデザイナーの佐藤可士和さんもそうです。佐藤さんは、お札とカード2枚くらいをポケットに入れるだけのようです。

私の場合、ポイントカードはTカード、持ち歩くキャッシュカードとクレジットカードは各1枚です。全3枚しかないので、定期入れに収まります。

小銭入れはコンビニなどのちょっとした支払い用で、お札はマネークリップに挟むだけ。コンパクトに収まります。

もちろん財布の使用を否定するわけではありません。大切なことは、整理パターンを決めておくことです。

たまにポイントカードや領収書を財布にため込んで、パンパンになっている人がいますよね。整理ルールが決められていないからです。

モノと情報は「時間」で仕分ける

新聞や雑誌の切り抜き記事は「1ヵ月」を目処に処分するか、スキャンして保存するか決めると紹介しました。これは、モノやデータ、情報には「時間が経つほど散らかっていく」という特徴があるからです。

データや情報は時間が経つと価値が落ちていきますし、モノも使ったら片づけたり、仕分けして整理をしなければいけません。場合によっては、手入れが必要なアイテムもあるかもしれません。

モノやデータ、情報は、自分の周りに常にあるもので、自分を取り囲む環境と言えます。環境が悪くなってよい仕事ができるわけがありません。環境が整っているということは、機能性が高いということ。機能美という言葉もある通り、機能を追求するとシンプルで、美しい状態になっていきます。

モノやデータ、情報は、時間軸で仕分けするとすっきりします。

たとえば「今日使うもの」「1週間以内に使うもの」「1ヵ月以内に使うもの」です。書類などの場合、今日使うものは持ち出し、1週間以内に使うものは取り出しやすい場所に、1ヵ月以内に使うものは少し奥に収納します。

モノについても、時間で区切って、使う頻度の目安を決め、取り出しやすさを考慮して整理します。

整理・整頓のタイミングも時間でルールを決めておきましょう。

私の場合、仕事道具の整理は、ランチを取った後に一度行います。午前中はメールの対応をしたり、電話したりでインプットが増える時間帯ですから、頭の中を整理するためにも、午後イチに机周りなどの道具を整理してリセットします。

仕事を終える際にも片づけをします。翌日に整理を持ち込むのは嫌なので、1日の区切りとして片づけて終わります。

第3章の要点

- 思考の整理は〝道具〟も必要
- 情報は仕分けファイルを先に作る
- モノの「仕分けルール」を作る

仕分けをするときの道具の使い分け

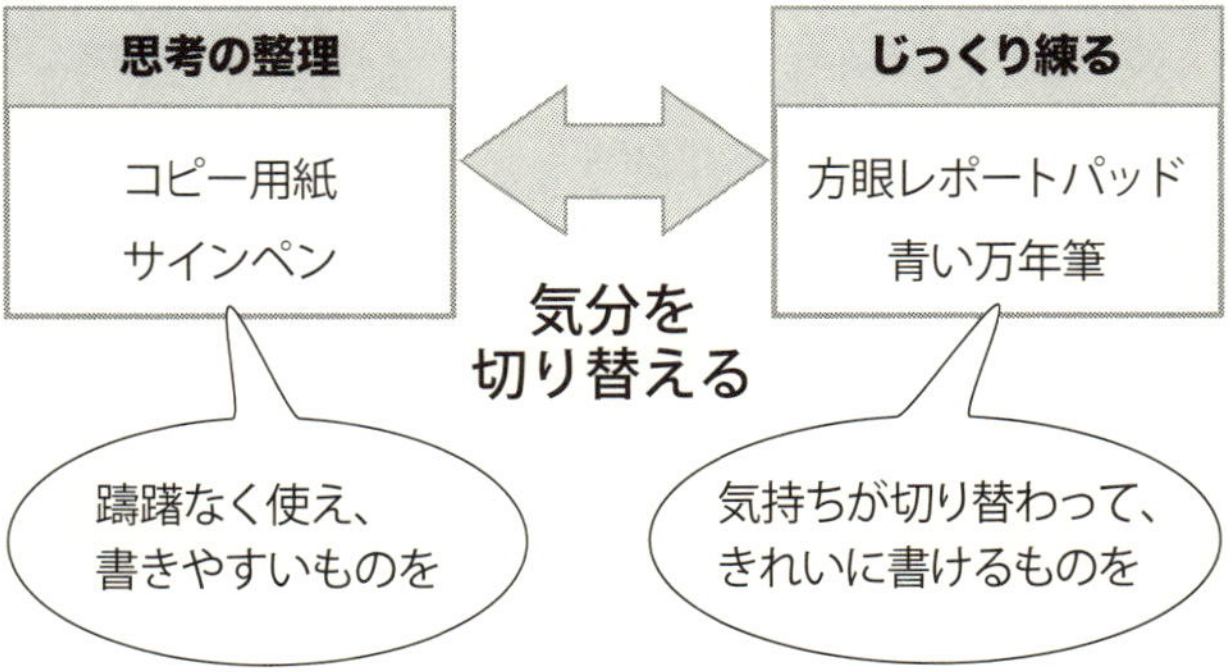

第4章

キャリア×仕分け

〝正しい〟努力と戦略だけが、「自分の武器」をつくる

〝そこそこ〟では一流になれない

みなさんは、仕事や人生を切り拓く自分の武器を持っているでしょうか。キャリアを築くためには、武器と言える強みを持っておく必要があります。

資格や語学、専門知識やビジネススキル、はては経済知識や歴史・一般教養まで、一流の人ほど、幅広い知識とさまざまなスキルを持っているように見えます。

世間で騒がれる一流の人だけでなく、自分の周りにもさまざまな武器を持った人がいるはずです。実務能力、語学、専門知識など、「すべてが自分を上回る」と感じてしまう人がいないでしょうか。そのような人を、うらやましく思うのも理解ができます。

しかし、キャリアを築くのに、多くの武器を持つ必要はありません。

というのも、〝そこそこ〟の武器をいくつか持っていても、プロの世界では使いものにならないからです。1点〝これ〟という武器を持っているほうが、キャリアを築きやすくなります。

つまり、スキルやキャリアも仕分けして、問題を小さくし、自分が本当に必要とするものだけを身につける必要があるのです。

ＡＫＢグループのプロデューサーとして知られる秋元康さんの言葉に、「記憶に残る幕の内弁当はないけれど、記憶に残るうなぎ弁当はある」というものがあります。

〝そこそこ〟おいしいおかずがちょこちょこあっても、話題にはなりません。無難なおいしさの幕の内弁当より、人が並んででも食べたいのは、「おいしいうなぎ」という圧倒的な強みを持つお弁当なのです。

「努力できる時間」は限られている

現実的には「時間」という問題もあります。

「1万時間の法則」という言葉をご存じでしょうか。

マルコム・グラッドウェル氏の著書『天才！ 成功する人々の法則』の中で、成功者はその分野に最低1万時間を費やしてきたと紹介されています。

仮に1日9時間、何かの習得に費やしたとして、1万時間に達するには3年を必要とします。「石の上にも3年」ということわざもありますが、ある分野で武器を見つけようとするなら、このくらいの時間がかかると言えるのかもしれません。

少なくとも3年間は一つに没頭しなければ、強い軸はできないのです。


私たちが武器の習得にかけられる時間は限られています。あれも、これもと手を出す時間はありません。

限られた時間の中で、幅広い知識やスキルをプロのレベル、さらに一流のレベルまで習得するのはむずかしいはずです。

つまり、「自分の武器とするために修得すべきもの」と「今は捨てるもの」に仕分けて、スキルを修得していく必要があるのです。仕分けて、課題の数を減らし、今やるべきことを絞り込むことでしか、武器になるほどのスキルは磨かれません。

武器磨きの本質は「何を捨てるか」という選択

日本ハムファイターズには、大谷翔平選手という、日本球界を代表する選手がいます。大谷選手はプロ野球界では珍しい、ピッチャーとバッターを兼任する「二刀流」の選手です。ピッチャーとしての能力も、バッターとしての能力も一流で、2015年にはピッチャーとして15勝、2014年にはバッターとして10本のホームランを打っています。

大谷選手はまだ若く、これからも成績を伸ばしていくでしょう。二刀流という前代未聞のチャレンジも含めて、ますますスターになっていくのではないでしょうか。

しかし、私たちが大谷選手をうらやんでも仕方がありません。

大谷選手は天才です。もちろん、血のにじむような努力をしているでしょうが、もともと持っている素質が違います。それは、他にピッチャーとバッターを兼任できる選手がいないことでも明らかです。

私たちがやるべきなのは、まず名ピッチャーになる、あるいは名バッターになる、と自分のキャリアを定めて、そこで必要なスキルを磨くことです。まず「○○のプロフェッショナル」という唯一の肩書きを手に入れることが必要でしょう。

もちろん、何かを選ぶということは、何かを捨てることでもありますから、迷ってしまうかもしれません。もし、どちらも捨てがたいと感じるなら、2つを選ぶことの「メリット」と「デメリット」を書き出しながら仕分けしてみましょう。

メリット、デメリットを明確にすれば、まず1つのキャリア、スキルを突き詰めることの有効性に気づくはずです。

たとえば私は英語を捨てています。「コンサルタント」という肩書きから、外資系コンサルタントのように、英語を得意としているように見えるらしいのですが、海外との取引はありませんので、今のところ必要ありません。ビジネス英会話を取得するまでのコストと労力を考えると、必要なときに通訳を雇うほうがずっと安く済みます。

将来、自分で英語を話したほうが成果が出ると判断したときには必死になって勉強すればいいことなので、「今は捨てる」を選んでいるわけです。

実は、天才である大谷選手ですら、二刀流には賛否両論あります。

「ピッチャーかバッターか、どちらかに専念したほうがいい」とアドバイスする評論家もいます。どちらもすでに一流の選手ですが、どちらかに専念すると、超一流になれるという意見です。

「自分の武器」の正しい見極め方

では、自分はどんな武器を選び、どんな武器を捨てるべきでしょうか。

よく言われるように、スキルはT字型で構築するのが理想的です。自分の強力なスキルが縦の太い軸になります。横軸は一般的に見識や教養といったジャンルで、広く、浅く展開していきます。

私たちの武器となるのは縦軸です。まず磨くべきは太く、深いスキル。

T字型スキルは、枝葉と同じ構造になっています。枝葉ばかりを増やそうとしても、大木には育ちません。幹を太く、長くしていくことで、枝葉つまり横軸も育っていきます。

まずは自分の軸となる幹を育てることを意識しましょう。

ここで、参考までに私が「思考の整理家」となった経緯を紹介しましょう。

私はもともと上場企業やベンチャー企業に、マーケティングや新規事業のコンサルティングを行っていました。そのなかで、企業の経営者や経営企画室の人たちから、「鈴木さんは僕の頭の中を整理してくれるコンサルタントだから」という言葉をかけられることがありました。

それでも自分でピンと来ておらず、「そんなものなのかな」程度に受け取っていました。戦略を整理するという意味では合致していますから、軽く受け止めていたのです。

ところが、たびたび同じ評価をもらうものですから、あるとき自分のキャリアを整理してみると、自分のキャリアの中心に「思考の整理家」があることに気がついたのです。

このときは、自分の仕事やキャリア、スキルを次の3つの軸で仕分けして整理しました。

そして、3つともに共通するのが「思考の整理」だったのです。

❶ したいこと

❷ 自分ができること

■3つの円が交差するところを探す

ある程度、キャリアのある人の場合

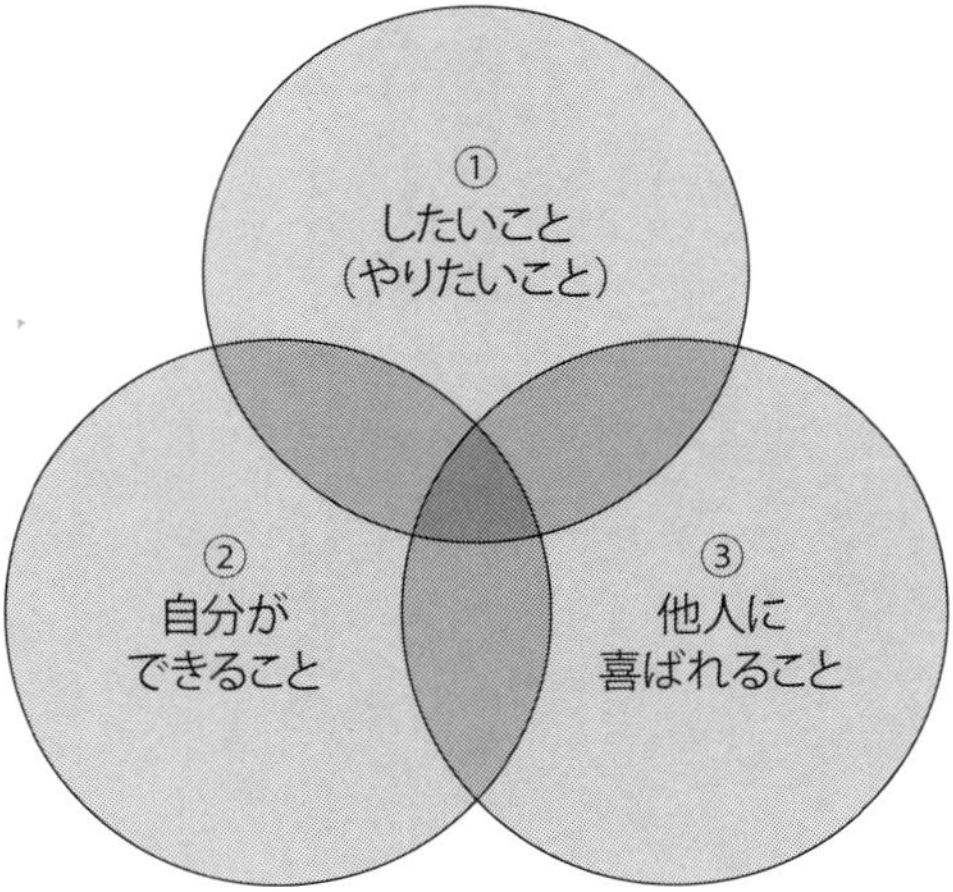

まだキャリアが浅い人、若手社員の場合

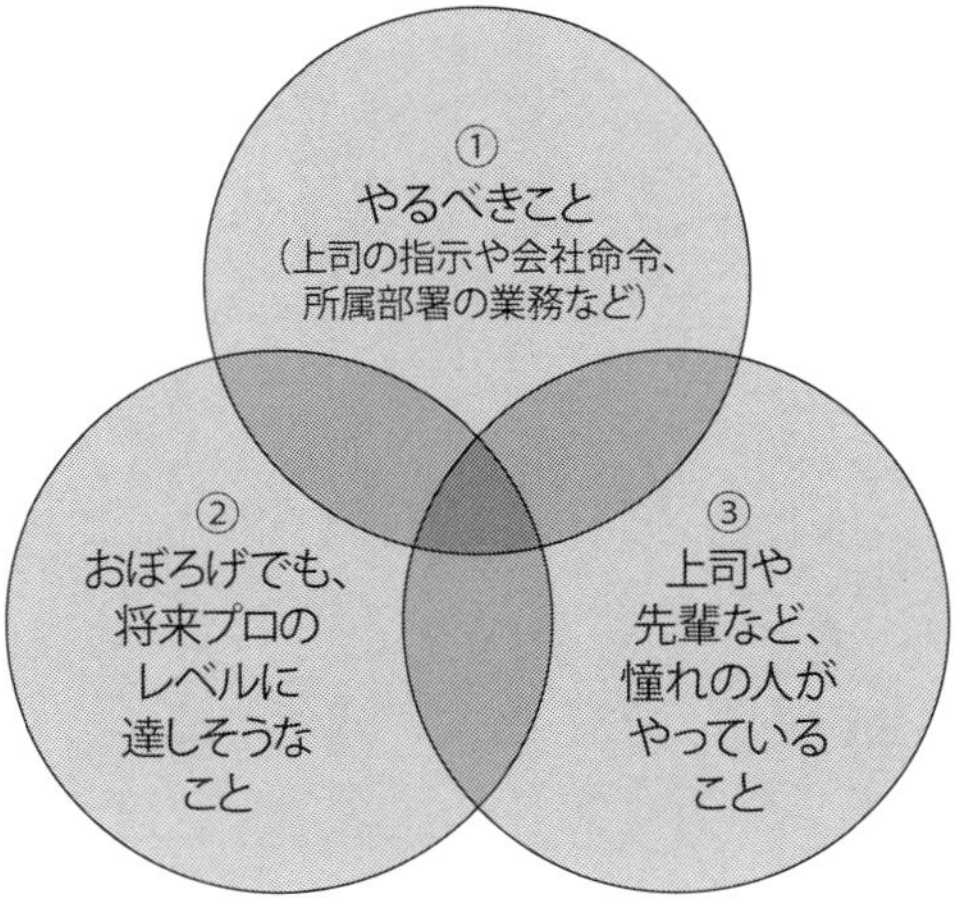

❸他人に喜ばれること

なお、これはある程度、経験を積んでからの仕分け方です。キャリアが浅い人、若手社員の場合には、前述の3軸を少しアレンジした次の3つの軸で仕分けます。

❶やるべきこと（上司の指示や会社命令、所属部署の業務など）
❷おぼろげでも、将来プロのレベルに達しそうなこと
❸上司や先輩など、憧れの人がやっていること

❶、❷、❸の項目をそれぞれ、思いつく限り書き出します。❶だけ、❷だけ、❸だけの項目がほとんどになるでしょう。たまに❶と❷、❷と❸など重なる項目もありますが、3つともに重なる要素はそう多くありません。私の場合、この重なる項目が「思考の整理」でした。

自分の強みを整理するとき、また職業選択の際にも使える仕分け方なので、実際に書き出してみることをおすすめします。

「したいこと」なら継続できる

それぞれの項目について見ていきましょう。

❶「したいこと」は「好き」と感じることとも言えます。

仕事で行う決断は、一般的に感情を廃して理論を優先させるのが定石ですが、キャリアを検討する際に「好き」という感情を優先するのは非常に合理的な方法です。

一流のスキルを身につける際に欠かせないのは継続です。20歳から60歳まで仕事をするとして40年もの長い時間、仕事に携わります。自分が好きでないこと、やりたくないことを、そんなに長い期間にわたって続けるのはむずかしいはずです。

キャリアの構築中には、壁にぶち当たったり、辛いこともあるかもしれませんが、そんなときでも「好き」という気持ちが根底にあれば、乗り越える原動力になるでしょう。「一万時間の法則」という長い時間を考えてみても、「好き」は合理的な判断軸の1つになります。

この際、気をつけてほしいのは、「やりたい」と思っているのが、世間体に影響されているのではないか、ということです。

それは、本当に自分がやりたいと思っていることでしょうか。感じていること、計画していることについて、一度立ち止まって、「それって本当？」と自分に問いかける必要があるでしょう。


一方で、「やりたいことがわからない」「特にキャリアをかけるほど好きなことはない」という人がいるかもしれません。なかには、そのことで「自分には夢がない」と思い悩む人もいますが、気に病む必要はありません。夢が明確でないとダメという社会風潮に惑わされないようにしましょう。

そもそもキャリア計画は、その他の計画と同じように軌道修正しながら構築していくものですし、明確な「夢」ではなく、直感やイメージでも十分です。

仕事とプライベートのバランスはどういう形が理想的か。

地方の一軒家に住みたいか、都心のタワーマンションに憧れるか。

このように、ラフなライフスタイルから絞り込んでいくと、案外、自分がキャリアに何を求めているか、見えてくることがあります。

「自分ができること」で希少性を知る

❷では、今、現状でできることを書き出します。「自分しかできないこと」「他人にもできること」で分けて考えると、希少価値のあることが見つかります。

年収を上げたいなら、「できるだけ他の人にはできない、希少価値のあること」を手がけるのがカギです。よりニッチな方向に重点を置くと言えるかもしれません。

私は新規事業のコンサルティングを手がけていますが、新規事業コンサルタントのライバルは多くいます。しかし、私の場合は新規事業に携わるスタッフの人材教育に重点を置いています。そのため、ライバルの数がぐっと減って希少価値が上がり、大手企業と直接、高単価で契約をすることができます。

また、「他の人にはできない」ことを意識すると同時に、「他の人の成功を意識しすぎない」ことも大切です。

私の仕事は、コンサルティングやセミナー、書籍の執筆など、いわゆるノウハウビジネスです。

自分ができるサービスに集中するため、「物販はしない」と決めているのですが、物販に対する意識がないとは言い切れません。「自社の独自」「最先端技術」などのキャッチフレーズで販売される商品を見ると、「かっこいいなぁ」「やはりモノづくりはいいなぁ」と、メーカーになりたい気持ちを刺激されることもあります。

しかし、これは「自分しかできないこと」ではありません。むしろ「他人のほうがうまくできることである」と事実を整理して、自分ができることに集中し直すようにしています。人の成功を意識しすぎると、自分の希少価値が崩れてしまいますから、要注意です。

さらに、これからは人工知能との争いもでてきます。野村総合研究所とイギリス オックスフォード大学の研究によると、10～20年後には日本の労働人口の約49％の職業が、人工知能で代替できるようになると予測されています。

この研究では、クリエイティブな業務、他社との協調が必要な業務などは人工知能ではむずかしいとしています。この視点で見てみると、自分が何に力点を置き、何を捨てるべきかが見えてくるかもしれません。

「喜ばれること」で市場を探る

どんなに自分がやりたいこと、できることでも、他人に喜ばれなければ独りよがりになってしまいます。

❸「他人に喜ばれる」とは、市場価値がある、ニーズがあるということです。

経営のフレームワークとして代表的な存在である「3C分析」をご存知でしょうか。この3C分析は、個人にあてはめることもできます。

そもそも、3C分析は、経営戦略を立てる際に自社を取り巻く状況を正確につかむためのものです。しかし、「自社を取り巻く状況」と言われても、漠然すぎます。

何を考えればいいのか、どんな情報を集めればいいのか、モヤモヤとあいまいになってしまうでしょう。

そこで、Customer（顧客ニーズ）、Company（自社の強み）、Competitor（競合他社）の3つの視点で情報を分析し、整理するのが3C分析です。

私の例で3C分析してみましょう。

私のコンサルティングの強みは、他社事例を多く知っていることです。

通常、経営コンサルタントは優れた戦略や戦術の知識で勝負しますが、先ほど書いたように、私の場合は「他社事例」を情報として蓄えていることを喜んでいただいています。

●**顧客ニーズ**＝戦略よりも他社の動向を知りたい
●**自分の強み**＝事例でわかりやすくアドバイスできる
●**競合**＝戦略は素晴らしいが実行がむずかしい案を提案していた

と整理できます。顧客ニーズと自分の強みが合致し、競合と差別化ができているので理想的と言えます。

自分のことを客観的に見るのはむずかしいので、自分の仕事の中でどこに価値があるのかわからない人もいるでしょう。そういう意味では、他人からの指摘や評価で気づくこともあるはずです。

実は、私が顧客ニーズに気がついたのも、クライアントからの質問がきっかけでした。コンサルティング中の、

「こういうときはどうしたらいいのかな？」

「○○社は似たケースでこういう対応をしていますよ」

という会話が非常に喜ばれたわけです。

その後は、意識的に他社事例を研究し、コンサルティングの中で「○○社はこうしています」「○○社はこんな戦略です」などと話題に出して、戦略立案のヒントにしています。

研究といっても、むずかしいことではありません。新聞や雑誌、ネットなど、情報源は誰もが見られるものばかりです。私が行っているのは「新規事業の事例を集める」という意識を持つことだけ。アンテナを張れば、自然と情報は集まってきます。

「他人に喜ばれること」は案外大げさなことではなく、このような簡単な積み重ねでできるのです。

なぜ一流は、計画を実行できるのか

仕分けて、問題を小さくしたことで、漠然とした夢や目標が段々ハッキリしてきたのではないでしょうか。自分が歩むべきキャリアや、自分がこれから力を入れて勉強していくべきジャンルが見えてきているのではないかと思います。

次は、このイメージをプランと呼べるものにしていくステップです。

ソフトバンクの孫正義社長はある講演会で、「成功における一番大切なことは?」という質問に、

「心底、自分を納得させることができれば、それはもう9割は成功したのも同然だ」

と答えられていました。

人は、自分が心底、納得できれば自然と動きがよくなります。ですが、自分を説得し、心から納得するまでに労力が必要なのです。

孫さんは、19歳のときに20代から60代までの計画を立てた人生50年計画がよく知られて

います。「20代で事業を興し、30代で軍資金を貯める。40代で数千億規模の企業にして一勝負。50代で数兆円の企業にしてビジネスモデルを完成させたら、60代で後継者に事業を継承する」というものです。

孫さん本人は、人生50年計画を「誓い」と表現されています。これが孫さんのすごさの1つ目です。自分を説得するため、とことんまで考え尽くしたのでしょう。そうでなければ、「誓い」とまで言えるレベルに達することはできません。

「さすがに50年計画はむずかしい」という人は、イメージでもかまいません。私の場合「作家、講演家として働く」がライフプランです。この程度のイメージでも、3年先、5年先の目標なら立てられるのではないでしょうか。

目標は「2種類」に仕分ける

さらに孫さんのすごいところは、この計画をブレイクダウンしていることです。

孫さんの計画は人生という長い単位でできていて、ゴールは60代「事業を継承する」こと。その結果に至る20代から50代までのプロセスも描かれています。

孫さんのように、立てた目標を達成するためには、「結果目標」と「プロセス目標」の2つに仕分けして考えることが必要です。

結果目標とは、最終ゴール、またイメージレベルの人生目標。

プロセス目標は、結果目標をブレイクダウンしたものです。

サッカー日本代表の本田圭佑選手は毎日日記をつけているそうです。その日記には、夢をまず書くスペースをつくり、「そのためには今何をするか」という質問が5回くらい繰り返されています。

夢という結果目標の達成のため、「そのプロセスで何をするか」を考えることで、ブレイクダウンする方法です。本田選手は子供の頃からこの発想で目標を達成してきたと言います。

「棚からぼた餅」ということわざがあります。思いがけない幸運が舞い込むという意味ですが、ある飲食チェーンを築いた著名起業家は、自ら棚に脚立をかけに行かなければいけないと言っています。餅が落ちてくるのを待つのではなく、自分からステップを作って餅を取りに行く。これがプロセス目標です。

視点を〝複眼的〟に切り替える重要性

結果目標とプロセス目標は、必ずセットで設定しなければいけません。というのも、結果目標ばかりにとらわれて、かえって結果が出なくなることがあるからです。

たとえば、あなたの会社の売上が落ちてきていて、このままでは数ヵ月後に資金繰りが危うくなるという逼迫した状況に陥ったとしましょう。

「あと○万円の売上が必要だけど、達成の見込みがない」

ピンチに陥ると、暗いトンネルから抜け出す方策を見つけられなくなりがちです。

結果目標に到達する道が見えないときには、意識をプロセス目標に切り替えると、光が見えてくることがあります。このケースでは、

「受注と売上を立てるまでの道のりで、どういう目標を設定しようか？」

を検討するわけです。

「〇万円の売上」は結果目標です。対して、そこに至るまでの道しるべがプロセス目標になります。たとえば、

- 2週間以内に2000社へのDMを送付
- 2ヵ月以内に100件の訪問営業
- 60件の見積もり提出
- 30件の新規受注

などがプロセス目標として考えられます。

うまく行かないとき、結果が出ないときほど、結果目標だけしか見えない状況になっています。結果目標は大きくて漠然とした掴みどころのない問題です。なので、プロセス目標という小さくて具体的ですぐに実行できるサイズにまで、仕分けていく必要があるのです。

特に結果が出ないとき、ピンチの場面では視野が狭くなりがちです。プロセス目標の設定を確認して、プロセスに集中しましょう。そのためには、できるだけ問題を小さく具体的にすること。1年、1ヵ月、1週間、できれば1日までブレイクダウンします。

まず1つ目の道しるべに行くことに集中する。次は2つ目の道しるべに行くことに集中する。これを繰り返し、プロセス目標を1つずつクリアしていけば、必ず結果目標というゴールに到達できるはずです。

「定性」「定量」という2つの観点で具体化する

結果目標とプロセス目標を設定する際には、「定性目標」と「定量目標」に仕分けして考えることも必要です。

定性はイメージ的でやや範囲が広く、中長期的な目標です。たとえば、ダイエットの定性目標は「パーティドレスが似合うようになりたい」などになります。

定量は数字で表現しやすく、範囲が狭い、短期的な目標のことです。ダイエットなら「3キロ痩せる」などになります。

夢見がちな人は、定性目標ばかりを語ります。「ビッグになりたい」「有名になりたい」と語るわりに、具体的な目標は何もない、などは典型的な例です。

一方で、仕事ができる人ほど陥りやすいのが、数字で表現しやすい「定量目標」だけにこだわることです。「来年は売上150％アップを目指す」「業界で1番になる」と、具体的な目標を掲げます。

しかし、意外と定性目標である「売上を上げてどんな会社を目指すのか」「何を基準に業界で1番とするのか」などは考えられていないケースがあります。

経営者や上司が定量目標だけを掲げるタイプだと、部下は達成したときのイメージを共有できず、夢を描けません。これではせっかくの目標が「上からの押しつけ」になってしまうため、部下は目標をノルマと捉え、仕事が苦痛になってしまいます。

つまり、「将来、どんな会社を目指すのか」という定性目標と、「来年は売上150％アップ」という定量目標の両方が必要で、上手にかみ合っていなければ、達成がむずかしくなると言うことです。

実現性が高まる「正しい目標設定」のコツ

何か新しいジャンルについて勉強を始めるときにも、定性目標と定量目標を立てます。資格試験などは、定性目標は取得後にその資格を使って活躍している自分のイメージです。定量目標も、試験日があるので立てやすいでしょう。試験日から逆算して、○日までに参考書○ページまで、などプランを立てていきます。

それ以外、たとえば「英語を習得する」「経営理論を勉強する」などの場合、定性目標は「英語でプレゼンする」など、習得後のイメージでよいでしょう。ところが定量目標は立てにくい面があります。英語や経営理論の勉強については、資格試験と違ってゴールらしいゴールが見えにくいからです。

このようなときには、「期間」「ボリューム」「予算」などを軸に定量目標を決めるとよいでしょう。

期間については、勉強するジャンルによって、1ヵ月、3ヵ月、半年、1年など「この勉強に集中する」という期間を決めます。

「1万時間の法則」に則ると、最短3年で一流のレベルに達することができます。そう考えると、1年程度で知識のベースとなる部分は習得できるはずです。むずかしいテーマならばまず1年を目処にゴールを決めます。

ボリュームについては、たとえば「経営戦略についての本を10冊読む」などです。1つのジャンルについて、関連本を10冊ほど読むとベーシックな知識はおおむね身につけられます。

予算は毎月、またはトータルでそのジャンルの勉強にいくら使うかを決めることです。「毎月5万円を1年間」「20万円まで」など決めておくと、計画が立てやすくなります。

現在の私の場合、勉強らしい勉強は本を週に1冊読む程度です。年間にすると50冊ぐらいで、どちらかというと乱読より1冊をじっくり読むようにしています。

とはいえ、以前は経営理論の本、マーケティングの本などを読みあさって勉強した時期もありました。経営理論などについての基本的な知識はその時期に吸収してしまったため、現在はこのジャンルの本は目次を見ただけで何が書かれているか、だいたい想像がつくようになっています。

この程度までなれば、「そのジャンルについての知識を得た」と言えるのではないでしょうか。

「理解」とは自分の言葉で置き換えられること

新しいジャンルについて勉強する際は、専門用語でつまづいたりすることが多いのではないでしょうか。むずかしそうな文章に読む気力を失ったり、読んでも理解ができなかったりすることがありますよね。

しかし、意外と言葉さえわかれば、書いてある内容はむずかしくなかったりします。つまり、新しいジャンルについて勉強する際には、「自分の言葉で、自分なりに解釈する」ことがポイントです。

謙遜でも何でもなく、私はエリートではありません。率直に表現すると、あまり頭がよいほうではなく、学生時代の成績もいわゆる普通。凡人です。

有名コンサルティング会社に勤めていたことも、ＭＢＡホルダーでもありません。コンサルティングのノウハウがないまま20代で独立して、３年以上はまともな収入を得ることができませんでした。

当初、私がすがったのは本です。なんとか知識・ノウハウを得ようと、片っ端からむずかしい経営理論やマーケティングの本を読みあさっていきました。

しかし、何冊読んでも、ちっとも頭に入ってきません。エリートは専門書を読んで一度でインプットできるのかもしれませんが、凡人の私にはそれができないのです。仕方がないので、むずかしい理論を自分なりに〝かんたん〟に解釈しながら理解するようにしていきました。

たとえば、経営のフレームワーク３Ｃ分析もそうです。Customer（顧客ニーズ）、Company（自社の強み）、Competitor（競合他社）の３つの視点で情報を分析し、自社が置かれた状況を正確に把握する。これに間違いはありません。

しかし私の場合、当初は３Ｃ分析をすぐに飲み込むことができませんでした。そもそも、３Ｃを表すCustomer（顧客ニーズ）、Company（自社の強み）、Competitor（競合他社）

■コ・ジ・キの視点

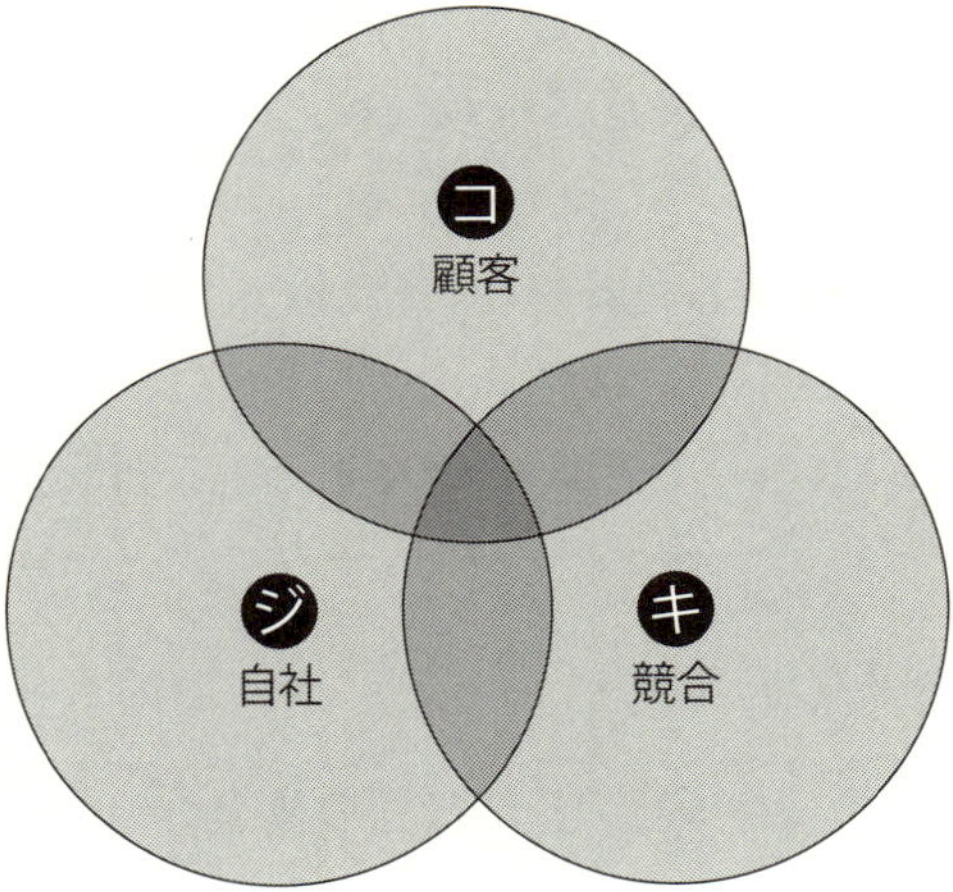

を一度でインプットすることができません。

そこで私は、自分が覚えやすいよう「顧客、自社、競合」の日本語の頭文字をとって「コ・ジ・キの視点」と言い換えました。

勉強をしていると、この例のようにむずかしい問題にぶつかることはよくあります。しかし、むずかしいものを、むずかしいまま理解しようとしてもうまくいきません。そこで、「ここで学ぶべき本質は何なのか」と問うことが大事なのです。

そうやって、むずかしいものを小さく簡単なものにまで「仕分け」ていくことで、吸収が驚くほど早くなります。勉強そのものにも、仕分けの考え方は効くのです。

第4章の要点

- ❖ 自分しかできない1点を磨く
- ❖「勝負できる武器」と「それ以外」に仕分ける
- ❖「したい」「できる」「喜ばれる」で仕分ける

「キャリア」に役立つ仕分け

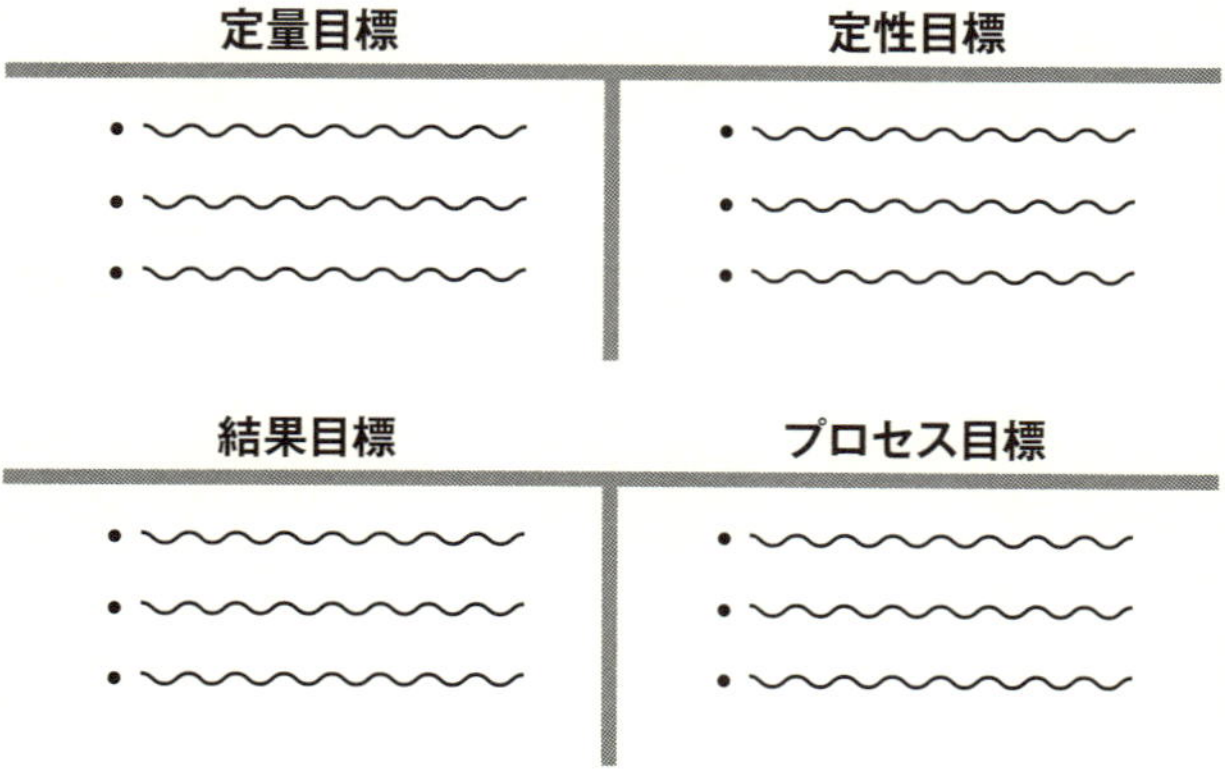

第5章

人間関係×仕分け

コミュニケーションは「キモ」がわかると全部うまくいく

なぜ、「超一流ほど話し上手」なのか

仕分け術を身につけると、コミュニケーション力を上げることも可能です。打ち合わせやプレゼンテーションときの説明はもちろん、日常会話の話題づくりにも効果があります。よいコミュニケーションは仕事をスムーズに進めるのはもちろん、人間関係のベースにもなりますので、人との付き合いがうまくいくメリットもあります。

つまり、仕分け術を身につけると、人間関係が楽になるわけです。

まずは、仕分け術が説明に与える影響から紹介しましょう。

あなたは、「自分の説明が下手でうまく伝えられなかった」と落ち込んだ経験はないでしょうか。

取引先との商談がうまくまとまらず、後日、上司に同行してもらったら少し話しただけでスムーズに相手に理解してもらえた。

同じことを話しているはずなのに、なぜ？

やっぱり自分の頭の回転が遅いからかな。話し方が下手なのかな……。

このような思いをしたことがあるのではないかと思います。

一流の人たちは、みな話や説明が上手です。しかし、それは頭の回転の問題ではありません。伝えたい情報を仕分けし、ムダを削って最小化することの大切さを知っているのです。

あなたは、商品の良さをわかってもらいたいあまりに、語りすぎていないでしょうか。細かいスペックなどは、聞かれたときに答えればいいことです。

上司に状況を伝えるために、必要のない要素をダラダラと語っていないでしょうか。話の幹を忘れて、枝葉ばかりを語ると、相手の頭を混乱させてしまいます。

本当に伝えたい話の幹（中心）の部分と、枝葉（周辺）の部分を仕分けする。枝葉の部分はいったん捨てて、幹の部分1つに絞り、それだけをしっかりと伝える。これが上手な説明のコツです。

一流の人たちは、「何を伝えたいのか」がはっきりしているので、それ以外の情報を捨てられます。

細かい話は省きましょう。

会話は、言葉を重ねるよりも、言葉を省くくらいのほうが、相手に伝わります。ここでも「最小化」がカギです。

一流の人たちは頭の回転が速く見えるのですが、回転の問題ではありません。伝えるべき情報の「仕分け」で、わかりやすい話ができているのです。

相手の心を開く人は「雑談と本論の分け方」がうまい

商談やミーティングの場では、あちこち語りすぎず、論点を1つに絞って話すほうがわかりやすく伝わります。言葉を重ねないのが秘訣ですが、雑談というコミュニケーションも一方で大切になります。

一流の人ほど、シンプルに伝えるべきことと、雑談することとを仕分けて、使い分けています。

雑談は一見、成果を出すのに関係ないと感じるかもしれません。しかし、場を和ませたり、相手が話しやすい雰囲気を作るという大きな効果があります。

相手の「聞く耳」を作るため、とも言えるでしょう。その意味で、雑談はパフォーマンスに大きなインパクトを与える要素なのです。

相手が答えやすい質問なら、内容は何でもかまいません。

「今日のお昼は何を食べましたか?」
「この近くに有名な○○のお店がありますよね。行かれたことはありますか?」
「御社の新商品のポスターがコンビニに貼ってありましたよ。すごいですね」

など、答えやすい話題なら、相手も気軽に話に乗ってきてくれるでしょう。

私のセミナーでは、ワークをして発表してもらったり、「○と○、どちらがよいと思いますか?」などと投げかけて、手を上げてもらったりします。

こちらからボールを投げて、ボールを投げ返してもらう。

その課程で、場が暖まり、相手と打ち解けていきます。つまり、簡単な質問に答えてもらう、動いてもらう。相手を物理的に動かすことで、心を動かすわけです。

刑事ドラマの取り調べなどで、刑事さんが雑談から始めるシーンを見たことがありますよね。相手と話し合える土壌、本音で語ってくれる人間関係を作るためには、まず心を開かせるのがステップ1であることを物語っています。

雑談上手は、話題を「軽い」「重い」で賢く使い分ける

雑談には、相手の心を開かせるというメリットの他に、自分のムダな力が抜けるというメリットもあります。

意外に思われることが多いのですが、私は人見知りです。交渉やプレゼンなどビジネス会話への抵抗感はありませんが、初対面の人との雑談は苦手なほうだと思います。

少なくとも、パーティなどで初対面の人にもどんどん話しかけて場を盛り上げるタイプ

ではありませんし、いつも輪の中心になって、みんなを楽しませるタイプの人をうらやましく思うくらいです。

私のように人見知りするタイプ、自分から楽しい話ができないタイプほど、自分から相手に質問して、相手に話をしてもらうほうが楽です。

口火を切るのは勇気がいると思うかもしれませんが、答えるのに簡単な質問を投げかけ、ポンポンとキャッチボールしているうちに自分の緊張感も抜けていきます。会話が続けば相手との仲を深めやすくなるはずです。

たとえば、仕事で招かれたパーティ、交流会やプライベートでも、

「どんなお仕事をされているんですか？」

という質問は少し重めのテーマです。相手の情報を得ようとしている、と警戒されてしまうかもしれません。

話題に困ったら、今相手がしようとしていることや、今相手がした行動について聞いて

みると、意外と気軽に答えてくれます。たとえば、立食パーティなら、相手が手にしている飲み物について聞いてみます。

「それはウイスキーですか？」

と聞いてみる。これなら、

「ウイスキーの水割りですよ」

「そうなんですね。普段からウイスキー派ですか？」

軽い話題が続きやすくなります。

つまり、「重めの話題」と「軽めの話題」を仕分けて、相手との関係性によって選ぶわけです。一般的に、初対面などの相手には「軽めの話題」から入るほうがよいでしょう。

相手との関係をグッと近づけたい場合には、多少重めの話題、特にパーソナルな情報を聞くことです。

ただし、いきなり個人情報に切り込んでいく印象を持たれかねないので、

「お住まいはどちらですか？」よりも、

「お住まいはどちらの沿線ですか？」

程度にぼやかして聞いていきます。聞き方で、多少、重い話題でも相手が受け取る印象が変わってきます。

「どんなお仕事をされているんですか？」

という、初対面では少し重い質問は、

「忙しくてお休みも取れないのではないですか？」

などから始めると、自然と仕事の内容についての話になっていくでしょう。

さらに、もし相手に子供がいることがわかっていれば、

「忙しくてお子さんと遊ぶ時間がないのではないですか？」

などもよい質問です。家族の情報をあらかじめ持っている場合に限られますが、特にパーソナルな話題ですので、打ち解けられるスピードが速くなります。

交流会では、話す相手を「最小化」せよ！

人見知りの人は交流会やパーティを苦手とする人が多いようです。知らない人がたくさんいる環境に1人で出向くときに緊張してしまう気持ちは私にもわかります。この緊張感を完全に消失させることはできないでしょう。

交流会のような場で気後れしてしまうのは、「1対多」を意識しすぎるからでもあります。自分で「1対1」の場に持ち込んでしまえば、それほど緊張しなくて済みます。

俳優の宇梶剛士さんは、若い頃、2000人のメンバーを抱える暴走族ブラックエンペラーの総長だったことでも知られています。身体が大きく、ひときわケンカが強かったそうです。

そんな宇梶さんにはいろいろな伝説があるのですが、その中に1人で約1000人を相手にケンカをし、勝ったというものがあります。最初に20人くらいを倒したところで、相手が逃げていったとの話でした。

とはいっても、1人で20人に勝つのは、どんなに強い宇梶さんでも不可能な話です。どういうことなのか不思議に思っていたのですが、戦いの場を狭い路地にして、1対1の戦いに持ち込んだのが勝因だったようです。1対1を20回やって勝ったところで、相手がみんな逃げ出してしまったのですね。20回連続で勝つのも相当な強さではありますが、宇梶さんほどの人でも、1対多よりも1対1でないとむずかしいと見ることもできます。

コミュニケーションの話に戻しましょう。

コミュニケーションも1対多より、1対1のほうが気楽です。話す相手を「最小化」するのです。輪の中心人物になろうなどとは思わず、1対1の場に持ち込み、自分のペースで会話を楽しむほうが建設的です。人とのコミュニケーションは「1対1」と「1対多」の接し方に「仕分け」し、使い分けることでスムーズにいくようにもなります。

1対1に持ち込むため、実行してほしいのは、まず主催者への挨拶です。これは最低限の礼儀です。主催者、幹事、事務局の人にはその場でお世話になるのですから、挨拶をするのは当然ではないでしょうか。マナーだと思えば、人見知りなどと言っていられなくなります。

主催者に挨拶をしておくと、他の参加者を紹介してくれたり、何かと気に掛けてくれたりもしますから、この点でも意味のある行動です。

誰と話していいのかわからない、という場合には、隣にいる人と話をしましょう。何も考えずに偶然に頼るのが一番楽な方法です。

あの人とは気が合いそうだ、あの人も話し相手を探しているな、などピンときた人がいれば、その人に話しかけるのもよいでしょう。

最後は、自分が何かを得られる人です。ビジネスを進めたい相手、話を聞きたい相手がいるのであれば、声をかけなければチャンスを得られません。

感情的になりそうなとき、一瞬で心を鎮めるコツ

会話や会議の中で、感情的になってしまうこともあるかもしれません。

もしくは、感情的になった相手にどう対応してよいかわからかず、オロオロしてしまうこともあるでしょう。

仕事を成功させるために、建設的な意見のすり合わせをするのはよいことだと思います。ただし、感情をぶつけ合っては、建設的な話し合いにはならないでしょう。自分にとっても、相手にとっても、もちろんその仕事にとっても良いことはありません。

人間ですから、感情があるのは当然です。腹が立ったり、憤りを感じたりするのを100%避けることはできないでしょう。だからこそ、他人との会話の中では、マイナスの感情をうまく回避する方法を身につける必要があります。


私は、感情的になりそうなとき用に、心を落ち着けるルーティンを持っています。

1つは、深呼吸をすることです。言葉を繰り出す前に深呼吸をすることで、自分の心も多少落ち着きますし、やりとりのリズムに一拍置くことができます。


2つ目は、心の中での実況中継です。スポーツの実況中継のように、自分を、

「おおっと、今少しイラッとしましたね」

「大丈夫です。ここから挽回できます」

などと中継すると、自分の感情や状況を客観的に見られます。スポーツキャスターにな

りきることで、他人の視点を取り入れられ、自分の気持ちを扱いやすくします。

3つ目は、感情的になっても話は前進しない、問題は解決しない、自分にメリットは何もないと確認することです。怒って恫喝すると、話はかえって停滞してしまいます。前向きなものは何も生み出せないことがわかると、感情をぶつけることはなくなります。

心を整える、とは「状況を正しく仕分ける」こと

最後の4つ目は、状況を仕分けして考えることです。

まずは「変えられること」「変えられないこと」を確認します。変えられないことは、泣いても怒鳴っても変えられません。変えられることに集中しましょう。

次に「譲れること」「譲れないこと」を仕分けします。自分と相手が「譲れること」の中に、共通点を見出すようにします。

「仕分け」には、感情的になる自分を落ち着かせる効果もあります。

■思考で感情をリードする

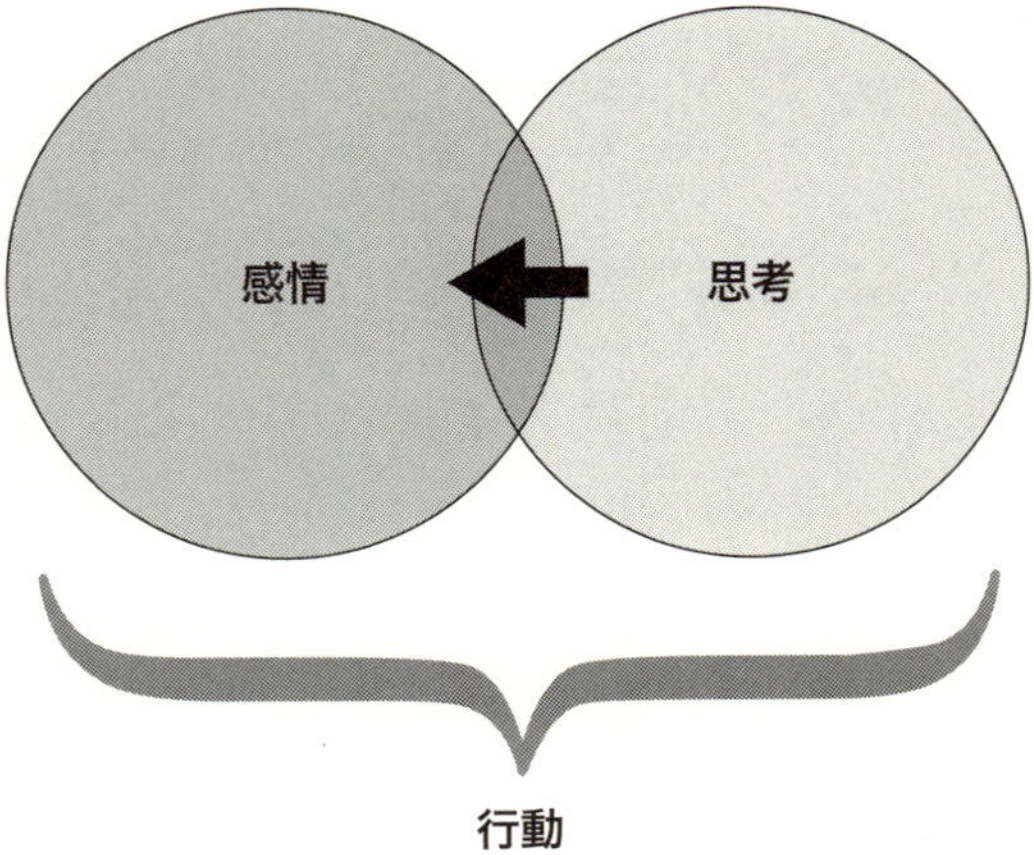

漠然とした不安や怒りを、小さく具体的なサイズに仕分けることで、冷静に、客観的に捉え直せるのです。

私も仙人ではありませんので、感情がわき上がってくることもあります。若い頃は、その感情をそのまま相手にぶつける嫌な奴でした。

尖っていた自分を変えたのは、思考で感情をリードする方法です。

感情をコントロールするより、頭の中を「仕分け」によって整理することで感情の質を変えていくことができます。

人脈作りの〝本当の〟目的

25歳で起業したとき、キャリアも、お金も、人脈も、ノウハウも何もない状態でした。起業を成功させる要素を何もかも持っていなかったと言えます。まさに四重苦で、当時はその4つを手にしなければと焦っていた記憶しかありません。「人脈を作らなければ」という願いに私も共感するのは、この経験があるからです。

しかし、今となっては、人脈を無理に作る必要はないと思っています。

「人脈が欲しい」と思い込んでいると、視野が狭くなり、人脈づくりが目的になりがちです。知り合いを増やすことは目的ではありません。

そうです。人脈に関しての「目的」と「手段」に仕分けして、いったん頭を整理することが大切なのです。

「そんなことはわかっている。自分はビジネスを有利に進めるために人脈が欲しいんだ」

という声が聞こえてきそうです。

たしかに、人脈が多いと、情報も集まりやすく、仕事で成果を上げやすくなるでしょう。

しかし、目的を「自分のビジネスのため」とするのも早急です。

自分のビジネスをうまく進めることだけを考えてしまうと、関係性を深めることはできず、ただの知り合いレベルで終わってしまいます。最悪の場合、相手に嫌悪感をもたれることもあるでしょう。

では、人脈を作る目的は何でしょうか。

人脈の目的は、「互いのビジネスのため」です。「自分の」ではありません。

だからこそ、相手への貢献を先に行う必要があります。「ギブ&テイク」ではなく、「ギブ&ギブ」が信条です。

ギブするのは、ちょっとしたことで十分です。たとえば、私はちょっとしたメールを送ったり、転送したりすることで、周りの人に情報を提供しています。

人材派遣会社に勤める友人が「今後は人工知能が業務の大部分を代替するようになるかもしれない」と話していたことがあります。それから数週間、1ヵ月後くらいでしょうか。たまたま見たサイトに人工知能の情報がまとめられていたので、「これ参考になるよ」と一言添えて、URLを送りました。

情報提供と言っても、このレベルで十分です。気楽にできますし、時間をとることもありません。これだけでも、「覚えていてくれたんですね」と相手は喜んでくれます。ギブ&ギブの精神です。私にとっての得といえば、「自分を思い出してもらえる」程度でしょうか。

他にも、数人で集まろうと声を掛けられたら、幹事役を買って出たり、そこまでしなくても「店を探そうか?」と一部を負担したり。ちょっとしたことでも、喜んでもらえることを普段から自ら進んで行うことで、いざというときに助けになってくれます。

「相手が求めるもの」と「相手に自分が提供できるもの」の視点で仕分けし、小さなことでも行動に移せば、結果として最強の人脈づくりにつながります。「ギブ&ギブ」を精神論で終わらせないためにも、また「仕分け」をしておくことが肝心なのです。

「かわいがられる人」が陰でやっている準備とは

「同世代の人や同じ立場の人だと平気だけれど、目上の人との付き合いが苦手」という人もいるでしょう。

私にも、うらやましいなと思う友人がいます。

目上の社長との雑談中に、ある高級ホテルの最上階にあるバーの話が出てきたとします。すると彼は即座に「社長、今度ご馳走してください。ぜひそこに連れていってください」と言えるタイプで、私なんかは「おいおい、筋違いだよ」と焦ってしまうようなお願いでも、愛嬌のおかげか叶えられています。


みなさんの周りにも、こんな風に愛嬌で目上の人にかわいがられるタイプの人がいるのではないでしょうか。なぜか目上の人とも冗談で笑い合えるような人です。なかなかマネできることではないため、余計にうらやましく感じてしまいますよね。

私も愛嬌があるタイプではありません。人見知りで飛び込み営業も苦手。初対面の目上の人とすぐ打ち解けられるのはまれです。


そこで愛嬌や本人のキャラに頼らなくても、相手の胸に飛び込んでいける方法をご紹介しましょう。

それは、「自分の強みや武器」と「自分が苦手な方法」を仕分けして考えることです。

愛嬌もなく人見知りの私は、独立後、営業が上手くいかずに鳴かず飛ばず状態が続いていました。そこで、頭の中を仕分けして、自分の強みや武器を活かした手段をとることにしました。それは、手紙攻撃です。ある新規事業を自社で立ち上げる際に、新規営業の方法として手紙という手段を使うことにしたのです。

初対面の人にプッシュ型の飛び込み営業をするのは苦手です。テレアポもやりたくありません。ましてや当時のターゲットは一部上場企業です。愛嬌もなく、人見知りの私が開拓するのは至難の技でした。

そこで、上場企業の社長宛に１００社、手書きの手紙を送ったところ、約30社から問合せをいただきました。そうとうな反響率です。

実は、私は学生時代、合コン中にデートに誘うより、終わった後24時間以内にラブレターを送り、デートにこぎつけるタイプでした。初対面の人には、会話より文章で伝えるほうが相手の懐に飛び込みやすい、という自分のちょっとした成功体験ですね。

すぐに目上の人と仲良くなれる人をうらやむのではなく、思い切って飛び込んでみると、案外相手は受け止めてくれます。飛び込み方は自分の武器でＯＫ。「相手にしてくれないだろう」という思い込みは無用です。一流の人ほど懐が深いので、あっさり受け止めてくれたりします。

一流との人脈は、「自分の強みや武器」と「自分が苦手な方法」に仕分けするところから築かれるとも言えますね。

人を動かすには、「変えられないこと」を仕分けることから

目上の人と逆に、年下の人や後輩との付き合いの悩みは、「思い通りに動いてくれない」「もっとやれるはずなのに」など、期待値を下回るパフォーマンスに関することが多いようです。リーダーや経営者から、この手の悩みをしばしば耳にします。

娘の授業参観に参加したときに、ある先生のノウハウに驚いたことがありました。教室での授業が終わった後、体育館に移動して全校集会が行われました。子供達は親が

来ているという非日常感の中で体育館に集まっているので、浮き足立っていました。友達とおしゃべりしたり、キョロキョロ後ろを振り返ってみたりと、それぞれが自由にしていて、誰も前にいる先生を見ていません。

「子供に言うことを聞かせるのはむずかしいよな。どうやって子供の注目を集めるのだろう」

そう思って見ていると、その先生は2回ほどは普通に注意したのですが、3回目にこう言い放ったのです。

「みなさん、今、マイクで話している先生はどこにいるでしょうか？　見つけたら手を挙げて静かにしてみましょう！」

もちろん、先生は前に立って話しているので、すぐに子供たちにわかります。

この言葉のあと、一瞬にして子供たちは前を向いて静かになりました。

つまり、注意や指導で相手が変わらなければ、自分のやり方を変えようという切り替えに成功したということです。

「変えられないこと（子供が言うことを聞かない状態）」と「変えられること（自分の注意の方法）」を仕分けすることで、怒ることなく言うことを聞かせた先生は「仕分け力」

が高い先生と言うことができますね。

人間関係において、今すぐ「変えられること」「変えられないこと」で仕分けをしたとき、それぞれ筆頭に来る項目は何でしょうか。


変えられることは、自分のやり方。

変えられないことは、他人。


これがわかっていれば、他人の言動に腹が立つことも、イライラすることもありません。自分の働きかけの方法を変えることです。

どうすれば理解してもらえるかな。

こうすれば気分を上げてもらえるかな。

あの人に納得してもらえればチームが動きやすいな。

変えられない他人を動かすには、「自分のやり方」に集中することしかありません。接し方を仕分けることで、人を動かすことも可能になります。

第5章の要点

❖ コミュニケーション能力は仕分けで決まる

❖ 人間関係のストレスは仕分けで軽減する

❖ 相手は変えられない。自分のやり方を変えよう

「コミュニケーションと人間関係」に役立つ仕分け

話の根幹	周辺情報
•	•
•	•
•	•

変えられること	変えられないこと
•	•
•	•
•	•

譲れること	譲れないこと
•	•
•	•
•	•

第6章

お金×仕分け

浪費を「投資」に変える選択と集中の勘所

凡人と超一流の違いは、「ここ」に表れる

言うまでもなく、現代生活ではお金が欠かせません。お金についての望みや悩みがまったくない人はほとんどいないのではないでしょうか。

一流の人たちは、お金との付き合い方が上手です。

日本電産の創業者、永守重信さんもその一人です。永守さんのお金についての考え方は一言で言うとケチ。講演会に呼ばれて出されたペットボトルのお茶、カンファレンスで配布されたボールペンを持ち帰るような人です。

そのケチケチ姿勢は経営にも表れていて、仕入れの際には数社から見積もりをとり、1円単位で安い企業を指名します。清掃業者との契約を破棄したこともあります。「掃除は自分達でやればいい」という考えからで、そこにお金を使うのはムダと判断したようです。

しかし、永守さんはケチ一辺倒ではありません。

永守さんは企業戦略としてM&Aを積極的に行っているのですが、赤字の企業を買収しても、社員を一人もリストラしません。徹底して人材活用して、黒字に転換させることを

目指しています。

社員を路頭に迷わすことは絶対にせず、同時に社員の士気こそが企業の財産であると考えています。社員の生活を豊かにすることを大切にし、仕事をしやすい環境や社員向けの住居である社宅などには大胆にお金を使います。

ただのケチではなく、「何にお金を使うべきか」「何は節約すべきか」という、「お金の仕分け基準」を明確に持っているのです。自分の基準にそってお金の使い道を仕分けることで、ムダ遣いという問題を最小化しているのです。

つまり、一流の人は自分なりの仕分け基準を持っているから、お金との付き合い方が上手とも言えます。


ビートたけしさんにも、お金にまつわる伝説がたくさん語られていれます。

若手芸人が食事をしていたら、たけしさんもたまたま店にいて、まったく面識のない若手芸人の会計も払って帰った。

自分が若手の頃は浅草の演芸場で漫才をしていたから、浅草に育ててもらったと言って、店はもちろん、それ以外のお客さんや近くに歩いている人にもお金をばらまく。

義理のある人に万が一のことがあったときに使うお金をとってある。

どこまでが本当の話なのかわかりませんが、いずれも他人のためになるお金の使い方、下の人を育てる家長的なお金の使い方です。自分は上の人に育ててもらったという意識があるため、その分を下の人に恩返しをしているのでしょう。お金をばらまくという、一見ムダ遣いに見える行為も、たけしさんならではの基準で仕分けているから、ムダではないと言えるのではないでしょうか。


楽天の創業者、三木谷浩史さんのお金の使い方にも、納得させられたことがありました。たしか楽天が上場直後くらいだったと思いますが、テレビで「銀座のクラブでお金をいくら使いましたか」と質問され、「一晩で300万円使ったことがあります」と答えられていたときです。

マスコミは、ITベンチャー、銀座で豪遊という下世話なストーリーを描いていたようですが、三木谷さんは豪遊のために300万円を使ったわけではありません。

行くのは大物財界人が行く店に限っていて、自分もそこに加わることでセルフイメージを上げる。また、一流の人たちを多く接客し、酒を酌み交わしたママに、大物達のエピソードを聞いて、今の自分との器の差を計っているそうです。

決してムダな遊びのお金ではなく、成長のためのお金と言える使い方です。自分の基準で仕分けているからこそ、有意義なお金になっています。

お金を「投資」と「消費」で仕分ける

一流の人たちは、みんな自分のお金に対する価値観、お金を使うときの明確な基準を持っていることにお気づきかと思います。だから、ムダ金を使うことなく、生き金になっているのです。

「お金はいくらあっても困らない」と言いますが、貯め込むだけでは意味がありません。生き金として使って初めて、お金の真価を発揮するのです。

では、どうすれば自分なりの基準ができるのでしょうか。

以下の3つの仕分けを軸に考えてみると、マイルールができてきます。

❶「消費」と「投資」

❷「増やせる余地」と「減らせる余地」
❸「今使うお金」と「いつでもいいお金」

1つずつ見ていきましょう。まずは、❶「消費」と「投資」です。

消費とは、使わざるを得ない支出のことです。生活費の中でいうと、水道光熱費や最低限の服飾費、移動のための電車賃などが当てはまります。

一方、投資は、ひとくくりに「投資」というものの、一体何が投資で、何がそうでないのかを見分けるのがむずかしいのではないでしょうか。そこで、さらに細かく、具体的な用途にまで仕分けることが必要です。

私は、「投資」を次の4つの支出に仕分けて考えています。このどれかに当てはまれば、投資と考えて間違いはありません。

投資①リターンが見込める支出

たとえば古いパソコンを使っていて不便を感じているなら、新しいパソコンを購入することで、業務がスピードアップできるはずです。このときのパソコンの購入費はリターンが見込める投資と言えます。

投資②自分の成長につながる支出

本の購入費やセミナーの参加費など、勉強やスキルアップに使う支出が典型的な例です。先ほどの三木谷社長が銀座のお店で使った300万円も自分の成長につながる支出と言えるでしょう。

投資③目標や効果に最もインパクトがある、もしくは最も近道である支出

業務をスピーディに進めるために、その分野の専門家に依頼するギャランティなどが当てはまります。また、出張のときに「新幹線の中で集中して仕事をしたい」という理由でグリーン車を選ぶのも、成果を出す近道です。

私はサラリーマン時代にも、出張時、自腹を切ってグリーン車に乗ることがありました。東京・大阪間だとプラス5000円程度です。仕事がしやすい環境にお金を払うなら投資と言えます。

投資④見返りはないか少ないけれど、他人に喜ばれる支出

寄付や人助けのための支出です。私は、まだ収入が少ない時代に「お金ができたら寄付しようという人は、お金ができてもしない」と言われて、寄付をするようになりました。少額でもよいので、他人や社会のために使う支出も投資と言えます。

私が以前、先輩達と音楽の生演奏が聴ける店で飲んでいたときの話です。その店の演奏をしている先輩の友人がＣＤを買ってほしいとお願いに来ました。あまり興味のないジャンルの音楽だったので、ていねいにお断りしたのですが、先輩に「興味がないかどうかは関係ない」と叱られてしまいました。お金は天下の回り物なのだから、回した人から順番に戻ってくると。

「お金の使い方がわかっていないと、将来お前が何か買ってほしいとときに買ってくれる人はいない」と、私にとっては衝撃的な忠告をいただいたわけです。それ以来、私は身の回りの人のためにお金を使うことを意識するようにしています。

「ムダ遣い」かどうかを見極める、ただ1つの明快な基準

たとえば、お腹がすいて食べる朝食代は消費と言えます。しかし、取引先とのコミュニケーションを目的とした会食なら、人間関係を作る投資です。健康を目的とした特別な料理なら、投資と言えるかもしれません。

どれも同じ「食事代」ですが、目的によって投資か、消費か投資かが異なってくるわけです。

また、あまり収入が多くないのに、高級なタワーマンションに暮らすと、一般的にはムダ遣いと考えられます。ところがタワーマンションに住むことでセルフイメージが上がったり、仕事が増えたり収入が増えたりすることもあります。こうなると投資として成功したと言えるでしょう。

私も、最初に上京したときは赤坂の高級マンションをオフィスにしました。当時の私にとっては身の丈より上のランクのオフィスです。しかし、私は高価な家賃を「家賃」という消費ではなく、「広告費」と捉えました。見栄やステータスではなく、ブランド構築のために使っていたわけです。厳密に言うと、広告費も会社の経費（消費）ではありますが、クライアントからの信頼を得やすいという見返りがあります。

つまり、自分の意識によっても、消費か投資かが変わってくるわけです。だからこそ、家計や会社の経理のような区分けで考えるのではなく、自分の価値観に基づく仕分け基準を作ることが大切です。

仕分け基準がないままにお金の使い方を見直すと、ただのケチケチした人になってしまいます。

アクセルを踏むところは踏む。ブレーキをかけるところはかける。上手に操作できないと、自分の成長ができませんし、人の役に立つ仕事ができなくなります。もちろん、将来の収入も期待できなくなってしまいます。

投資には〝心意気〟も必要

消費をできるだけ少なく抑え、その分を投資に回せれば理想的ですが、投資にお金を使うのは心意気、志が必要な面もあります。消費は生きていくために、生活するために使わざるを得ない支出なので、ある意味では悩む余地がありません。

しかし投資の場合、どうしても「贅沢なのではないか」「期待したリターンが得られないのではないか」と踏みとどまる気持ちが出てきてしまいます。

企業の投資なら、「この機械を買うことで生産性が10％上がる」などと、ある程度の見込みが立ちます。しかし、個人の投資は必ずしも数値で予測がつくものばかりではありませんし、いつリターンが戻ってくるのかも不透明です。

たとえば何かの教材を買って、勉強をする。そこで得たものが仕事に役立って、収入アップに貢献するかどうかは、やってみなければわからないものがあります。

また、仮にリターンがあったとしても、それが半年後なのか、翌年なのか、10年後なのか、確実なことは言えません。

「この教材は3万円か、高いな。1万円以内なら何とかなるけれど……」

消費と違って、絶対に必要なものではないため、投資に躊躇する気持ちも理解できます。

そこで、あまりリターンを考えすぎないことも、投資には必要になってきます。

私は以前、1枚100円くらいする高価な名刺を使っていたことがあります。厚紙で、箔押ししたロゴマークが入った立派なものです。初対面の人に100円をあげるようなものですから、出費としては痛くて仕方がありません。

かっこいいのは確かですが、それで確実に仕事が取れるとも限らないでしょう。コスト面だけを気にしてしまうと、安い名刺にしたはずです。

そこで私はこう考えました。

「自分は若いから、箔づけの意味でブランディング費用かな。それに、単価の高いサービスを提供するのだからパッケージも美しくしなきゃ。高級スイーツはパッケージも上等なのが常識だからな」

見栄で下した決断ではありません。「高価なサービスを提供する」という心意気です。リターン、リターンと電卓を叩くより、心意気を重視するほうが、思い切った投資ができるときもあるのです。

「増やせる余地」と「減らせる余地」は、本当にないか

投資にはある程度の心意気も必要ですが、その心意気を裏づけるために、投資が「妥当かどうか」について、家計全体について検討する必要があります。

家計全体を見渡すと、増やしたいのは「収入」と「貯蓄」です。

逆に、減らしたいのは「消費」。特に見栄のために使うお金やなんとなくのムダ遣いは無意味です。

貯蓄を増やすためには、毎月の積み立て金を増やす、株取引に挑戦するなど、その方法論は複数あります。消費を減らす方法も、節約術などでよく語られるところでしょう。

私の場合、以前はExcelで家計簿をつけていましたが、今は特に記録していません。一定期間家計簿をつけたことで、ある程度、毎月の支出と年間の流れを把握できたため、細かくつける必要はないと判断したからです。

そのため、現在では比較的ざっくりした管理を行っています。

方法は簡単で、銀行口座を生活用、特別用、貯蓄用の3つに仕分ける方法です。最初から仕分けておくほうが、楽に管理できます。「銀行口座」というザックリとした大きな分類ではなく、初めから3つの小さな口座に仕分けることで、そこにあるお金は目的を持ったお金になるからです。

つまり、新聞切り抜きを入れるクリアファイルにラベルを貼ったり、パソコンにはあらかじめフォルダを作っておくのと同じ発想と言えます。

生活用口座

ほとんどが生活費、つまり消費に使われます。この金額は、毎月、家計簿をつけていた経験から割り出しています。

特別用口座

特別用は、家族旅行などのレジャー費もありますが、広く表現すると「自分を成長させるための特別体験をする」ための口座です。そのため、旅行だけでなく、普段は会わない人と会うなどの交際費や自己投資も含みます。

私の場合、交際費と自己投資は手取りの10％が目安です。仮に手取りが40万円だと4万円ですから、かなり大きな割合と言えるかもしれません。現実的には投資に多くの金額を割り当てるのはむずかしいケースもあると思います。

そのため、自己投資は「自分を変えたい」「今は成長に力を注ぐべき」など、勝負時と感じるときに半年間、1年間など期間限定で、自分ができる最大の金額を割り当てることをおすすめします。

貯蓄用口座

貯蓄用は、運用専用の口座です。私の場合は手取りから、生活用、特別用で使ったお金であまった分を貯蓄しています。生活用と特別用で毎月使う金額はおおむね決まっていますから、貯蓄用に回る金額もほぼ一定です。

もちろん、毎月目標金額を決めて、積み立てるのも貯蓄にはよい方法です。マンションの頭金を作るなど、目的に沿って目安金額を決めましょう。

大切なことは、支出に対して何を重視して、何を優先するかを決めることです。「今年は自己投資する」「今年は家族サービスする」「住宅ローンの返済が最優先」など、タイミングと状況によって、メリハリをつけて使うほうが、気持ちのゆとりができます。

あまりガチガチに決め込まないのも大切です。ガチガチが性に合っているならよいのですが、やりすぎると生活が息苦しくなっていきます。


一方、収入を増やす余地がないかも検討する必要があるでしょう。

サラリーマンの場合、会社から受け取る給与を他人から受ける評価と考えがちですが、自分の働きかけで増やせる余地があるかもしれません。

転職も1つの方法ですし、資格を取得して手当を受け取る方法もあります。副業や週末起業なども考えられるかもしれません。今すぐではなく、「この準備を進めれば、5年後に年収が100万円ほどアップする」などという視点もあります。

つまり、家計全体を眺めて、増やせる余地がないか、減らせる余地がないかをチェックするのが、効率的なお金の使い方につながるわけです。

「今使うお金」と「いつでもいいお金」で仕分ける

支出でもっともまずいのが、ムダ遣いだということは、誰しもわかっていることです。でも、かっこいい時計をしている友人を見て自分も欲しくなったり、ついつい必要のないお菓子を買い食いしたりすることもあるでしょう。

何か欲しいものがあったり、購入を迷ったりしたときには、一度、「今、使うべきお金か？」「いつでもいいお金か？」で仕分けて考えると、冷静に判断できるサイズまで問題が小さく具体的になるのでムダかどうかがわかります。

最近、私が悩んだのが車の購入です。10年くらい乗った車がガタがき始めて、妻から車を買ってほしいと言われたのですが、実際に買うまでには妻の最初のリクエストから3年かかりました。

私はあまり車にこだわりがなく、車種などにもあまり詳しくありません。

だからかもしれませんが、「本当に今、新しい車が必要なのか？」という自分への問いに、イエスと答えられなかったのです。

「ガタがき始めているとはいえ、まだ乗れるからなぁ」と思いながら、結局、買うまでに3年ほどかかりました。その間、妻には「買ってほしいな」と言われ続けましたが、「うーん、まだかな」と延ばし延ばしです。

でもさすがに、最初にガタがき始めたと感じてから3年も経つと、本格的に調子が悪くなってきます。これで「今が買い換えのタイミングだ」「今使うお金だな」と判断できたことで、購入に踏み切りました。

これも、「今」か「いつでもいい」かを仕分けすることで、欲しい対象のものを見つめ直して、本当に買うべきかどうかを決めた例です。

自然、ムダ遣いは減っていくはずです。

「短期の視点」と「長期の視点」で仕分ける

支出のときに「今」か「いつでもいい」かを仕分けるのは、お金の使い方を「短期の視点」と「長期の視点」の両方から判断していると言い換えることができます。

同じように、収入についても短期の視点と長期の視点で考えることが必要です。「今、得をするか」か「将来、得をするか」と表現することもできます。

たとえば、こうして今、私は原稿を書いていますが、原稿料とコンサルティング料だと、コンサルティング料のほうがギャランティが高額なのが一般的です。しかも、執筆には時間がかかるので、コストパフォーマンスがいい仕事とは言いづらい面があります。

それでも、本の執筆は日本中で私の考えを広められるため、将来のためになる仕事です。さらに、本がきっかけで講演の依頼など、別の仕事につながるかもしれません。私の場合、将来は執筆や講演の仕事を中心にしていきたいという希望もあります。

そのため、自分が「この時間に執筆する」と決めていれば、執筆を優先します。たとえその後、同じ時間にスポットのコンサルティングのオファーをいただいても、日時を変更してもらうか、お断りします。

つまり、コンサルティングのほうが短期的に売上を上げられるのですが、少し先を見て「将来、執筆や講演の仕事で生きていくという成果にインパクトがあるのはどちらか」を考え、決断するのが大切なのです。もちろん、逆にコンサルティングのほうが短期で見ても長期で見てもインパクトがある場合は、こちらを優先します。

と、書きましたが、実はこれはむずかしい決断でもあります。

私も、いつもいつも正しい判断ができたと断言はできません。目先のお金につられて、逆の答えを出してしまったことも、ままありました。

理由ははっきりしていて、目の前の売上を立てることを優先したほうが、お金が手に入るからです。そこそこ食べていけるため、遠い将来のための活動を後回しにしてしまいがちです。

もちろん、生活が成り立たなくなっては本末転倒なので、短期の視点を捨てることはできません。

収入や売上などの損得勘定は、そのままでは冷静な判断ができない大きな問題なので「短期の視点」と「長期の視点」というより具体的なサイズにまで仕分けし、両方を見て、判断しなければいけないということです。

「マネー・ライフ・バランス」という幸福感の新基準

実は、私も短期と長期の損得勘定ができず、2～3年前までは目先のお金につられて、正しい判断ができない状況が続いていました。

正しい答えが出せるようになったのは、ここ1年ほどのことです。

きっかけは、ジブン会議で「将来は執筆や講演を通じて思考の整理術を広めていく」と長期の目標が定まったからでした。これも、目先のお金にとらわれない、将来的なリターンを期待した投資と言える判断です。

これができるようになって、私には自分でも驚く効果がありました。

短期と長期の視点を分け、両方から損得勘定ができると、仕事への取り組み方が変わってくるのです。

まず第一に、寝ても覚めても思考の整理について考えるようになりました。

もちろん、以前から思考の整理について、いろいろと考えていたのですが、ギアが上がった感じです。スポーツ選手でいうと、ゾーンに入った状態に似ているのかもしれません。このような感覚は、起業以来初めてです。

そのせいで、起業以来、最も楽しんで仕事をしています。思考の整理術で多くの人が悩みや問題を解決し、仕事で成果が出せるようになるイメージが常に頭の中にあります。自分が生きる場所に向かって走っている実感があります。これが私の生き方だと定まった実感です。

私の知人の事業家に、若くして成功を収めた人がいます。年収1億円の時期もあったようで、今でも1億円を狙えるビジネスを展開しています。でも、彼は自分の意思で年収2000万円にしているそうです。

理由は簡単で、年収1億円を達成するためには、趣味を楽しむ時間が取れなくなってしまうからです。彼はアンティーク品の収集が趣味なのですが、年収1000万円では趣味を楽しめるだけの資金が足りない。1億円になると、お金はあっても楽しむ時間がなくなる。ちょうどいいのが2000万円だとか。自分が欲しいお金と時間が明確で、それを手にできるのが彼のすごさなのだと思います。

あなたの周りには、ボランティアや社会起業など、あまりお金にならないような仕事を幸せそうにしている人はいないでしょうか。輝くような笑顔で、生き生きとした人です。

そういう人を見ると、「人間の幸福はお金だけでは買えないな」と思いませんか？


「ワーク・ライフ・バランス」という言葉はすっかり定着しています。仕事とライフの時間を上手にバランスしようという考え方です。

そこに私は、「マネー・ライフ・バランス」の考え方を加えたいと思っています。マネーとライフ、それぞれに望むことを仕分けし、自分にとって最適なバランスを目指していく考え方です。

人間はお金だけで幸福を引き寄せるのではありません。「どんな人生を行きたいか、そのためにいくら必要だ」「稼いだお金をこれに使うために収入を上げたい」など、人それぞれ、さまざまな考え方があるでしょう。

「人生で何を成し遂げるか」「人生で何を楽しみたいか」という長いスパンで見て、収入計画と支出計画を作る。これが、幸福感を引き寄せる仕分けなのです。

第6章の要点

- 自分なりのお金の仕分け基準を持つ
- 自分への投資はリターンを気にしすぎない
- マネー・ライフ・バランスが幸福感をもたらす

「お金との付き合い」に役立つ仕分け

投資	消費

増やせる	減らせる

今使うお金	いつでもいいお金

おわりに　すべての問題から解放される、という気持ちよさ

以前の私は、人と自分を比較して、苦しい思いばかりしていました。

大学入試では志望校に落ちるし、就職活動もうまくいきませんでした。起業してからも4年間は月給12万円。順風満帆な人生とはとても言えません。

そんなとき、私は他人と自分を比較して、「あいつは○○なのに」「あいつは○○でずるい」などと考えていたように思います。

自分の中にあったのは、ひがみ、ねたみ、やっかみ、うらみ、にくしみ……。

悲しい「み族」に成り下がっていました。

そんな私が感情に振り回されず、ストレスが激減できるようになったのは、やはり仕分けで問題を最小化できるようになったからです。

比べるべきは他人ではありません。他人と比較しても、現状も未来も変えることはできません。

比べるべきは「自分がなりたいイメージ」と「今の自分」です。

ここまで読み進めたあなたならもうお気づきですね。

仕分けるのは「今の自分」と「今の他人やライバル」ではありません。

あくまでも「自分の理想像」と「今の自分」を仕分けし、進捗の確認、やり方の修正をかけていくのです。

仕分けしたいずれも、すべては自分軸しかありません。

自分の理想像との比較でしか人は成長できないのです。


自分の理想像と今の自分を埋めるのが、生きるということではないでしょうか。

自分自身に、自分の目標や集中するべきことを問いかけ続けてください。


自分はコミュニケーションで他人視点を忘れてはいないか？

目標設定や最も効果のあるポイント設定は、他人の目線を気にしすぎてはいないか？


ジブン会議で仕分けしていけば、頭と心が整理され、ストレスを感じなくなり、自分らしく生きることが可能です。

すべては「仕分け」をするところから始まるのです。
ここまでお読みいただき、本当にありがとうございました。

できましたら、ご感想ぜひお聞かせください。
メールをいただければすべてに目を通し、必ず1週間以内に直接お返事します。
（連絡先　suzuki@compas.co.jp）

また、セミナーやメールマガジンも行っていますので、ご興味のある方はぜひサイトよりご登録ください。
（サイトＵＲＬ　www.suzukishinsuke.com）

あなたとお会いできる日を楽しみにしています。

青春新書
INTELLIGENCE

こころ涌き立つ「知」の冒険

いまを生きる

〝青春新書〟は昭和三一年に——若い日に常にあなたの心の友として、その糧となり実になる多様な知恵が、生きる指標として勇気と力になり、すぐに役立つ——をモットーに創刊された。

そして昭和三八年、新しい時代の気運の中で、新書〝プレイブックス〟にその役目のバトンを渡した。「人生を自由自在に活動《プレイ》する」のキャッチコピーのもと——すべてのうっ積を吹きとばし、自由闊達な活動力を培養し、勇気と自信を生み出す最も楽しいシリーズ——となった。

いまや、私たちはバブル経済崩壊後の混沌とした価値観のただ中にいる。その価値観は常に未曾有の変貌を見せ、社会は少子高齢化し、地球規模の環境問題等は解決の兆しを見せない。私たちはあらゆる不安と懐疑に対峙している。

本シリーズ〝青春新書インテリジェンス〟はまさに、この時代の欲求によってプレイブックスから分化・刊行された。それは即ち、「心の中に自らの青春の輝きを失わない旺盛な知力、活力への欲求」に他ならない。応えるべきキャッチコピーは「こころ涌き立つ〝知〟の冒険」である。

予測のつかない時代にあって、一人ひとりの足元を照らし出すシリーズでありたいと願う。青春出版社は本年創業五〇周年を迎えた。これはひとえに長年に亘る多くの読者の熱いご支持の賜物である。社員一同深く感謝し、より一層世の中に希望と勇気の明るい光を放つ書籍を出版すべく、鋭意志すものである。

平成一七年　　刊行者　小澤源太郎

著者紹介

鈴木進介〈すずき・しんすけ〉

思考の整理家。株式会社コンパス代表取締役として経営コンサルタント業を営む。大学卒業後、25歳で起業するが金なし・コネなし・学歴なしの状態で苦境に。独自の思考の整理術を身につけ、クライアントと自身の業績が飛躍したことからメソッドを体系化。「決断力と行動力が飛躍的に上がる」とのクチコミが広がり、現在ではベンチャー企業から一部上場企業まで100社以上のコンサルティング実績、また思考の整理術に関する講演では1万人以上の受講者がいる。著書に『問題解決のためのセパレート思考』(フォレスト出版)、『1分で頭の中を片づける技術』(あさ出版)などある。

公式サイト:www.suzukishinsuke.com

能力以上《のうりょくいじょう》の成果《せいか》を引《ひ》き出《だ》す
本物《ほんもの》の仕分《しわ》け術《じゅつ》

青春新書 INTELLIGENCE

2016年7月15日　第1刷

著者　鈴《すず》木《き》進《しん》介《すけ》

発行者　小澤源太郎

責任編集　株式会社プライム涌光

電話　編集部　03(3203)2850

発行所　東京都新宿区若松町12番1号 〒162-0056　株式会社青春出版社

電話　営業部　03(3207)1916　振替番号　00190-7-98602

印刷・中央精版印刷　製本・ナショナル製本

ISBN978-4-413-04487-5